먼데이 모닝 커뮤니케이션

데이비드 코트렐, 토니 제어리, 조지 로우 지음
송경근, 김재연 옮김

HANEON.COM

먼데이 모닝 커뮤니케이션

펴 냄   2006년 3월 5일 1판 1쇄 박음 / 2006년 3월 10일 1판 1쇄 펴냄

지은이   데이비드 코트렐, 토니 제어리, 조지 로우

옮긴이   송경근, 김재열

펴낸이   김철종

펴낸곳   (주)한언

　　　　등록번호 제1−128호 / 등록일자 1983. 9. 30

주 소   서울시 마포구 신수동 63−14 구 프라자 6층(우 121−854)

　　　　TEL. 02-701-6616(대) / FAX. 02-701-4449

책임편집 최선혜 sunhae@haneon.com

디자인   최지안 jachoi@haneon.com

홈페이지 www.haneon.com

이메일   haneon@haneon.com

이 책의 무단전재 및 복제를 금합니다.

잘못 만들어진 책은 구입하신 서점에서 바꾸어 드립니다.

ISBN 89-5596-319-X 03320

먼데이 모닝 커뮤니케이션

먼데이 모닝 커뮤니케이션

Monday Morning Communications

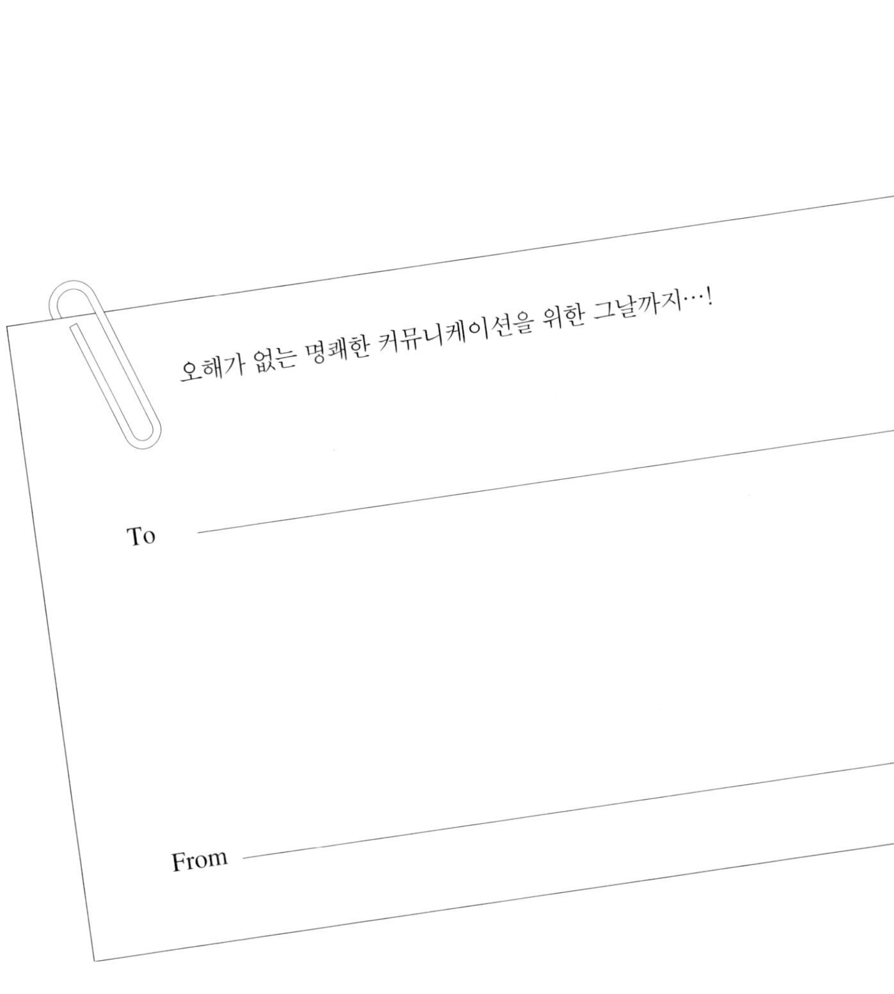
오해가 없는 명쾌한 커뮤니케이션을 위한 그날까지…!
To
From

신입사원부터 CEO까지,
커뮤니케이션의 기초가 중요하다.

누군가가 경영 컨설턴트인 나에게 컨설턴트 경력이 한 해 두 해 쌓일수록 더욱더 절실하게 중요성을 실감하는 것들이 있는지 묻는다면, 적어도 두 가지는 자신 있게 말할 수 있다. 그것은 바로 리더십과 커뮤니케이션이다.

'리더십'이 중요하다는 말에는 누구나 동감할 것이다. 리더로서 다른 사람들을 원하는 방향으로 이끌어가고, 긍정적인 영향을 끼쳐 변화하고 성장하게 만드는 일은 모든 조직에서 반드시 필요한 일이기 때문이다.

그러나 '커뮤니케이션'이라는 대답에 대해서는 의문을 가지는 독자도 있을 것이다. 커뮤니케이션이 왜 문제가 될까? 우리는 항상 자신의 의견을 말하고, 상대방의 이야기를 듣고, 이메일을 쓰고, 미팅과 프레젠테이션을 준비한다. 때문에 커뮤니케이션에 대해 쉽게 생각하는 경향이 있지만 이에 대한 전문적인 교육을 받을 기회가 드문 것이 현실이다. 그래서 누구나 자신의 방식대로 커뮤니케이션을 하기 쉽다. 갓 입사한 신입사원에서부터 CEO까지 조직 전체를 위한 목표의식 없이 각자의 커뮤니케이션 방식만 고집한다면 조직의 효율성과 생산성은 결코 좋아질 수 없을 것이다.

이 책은 현재 조직 내에서 커뮤니케이션에 어려움을 겪고 있거나 한 차원 높은 정교한 커뮤니케이션을 원하는 사람들에게 큰 도움이 될 것이다. 많은 시간을 들이지 않고도 한 장 한 장 읽어가면서 곧바로 도움을 받을 수 있을 것이다.

이 책의 공저자 데이비드 코트렐은 《먼데이 모닝 리더십, 8일간의 기적》 등을 저술한 리더십에 정통한 전문 컨설턴트다. 미국뿐만 아니라 한국에서도 《먼데이 모닝 리더십, 8일간의 기적》의 리더십 교훈에 공감한 독자가 많았던 만큼, 이 책을 통해 독자들의 커뮤니케이션 수준이 한 단계 높아질 것을 기대하며 이 글을 마친다.

하나컨설팅그룹 대표컨설턴트 송 경 근

CONTENTS

PROLOGUE

우리는 과연 효율적인 커뮤니케이션을 하고 있는 걸까?

내 이름은 제니 존슨*Jeni Johnson*, 우리 팀의 관리자로 일하고 있다. 이 모든 이야기의 시작은 지금으로부터 18개월 전으로 거슬러 올라간다.

나는 직원들을 대상으로 한 직원 만족도 설문조사의 결과자료를 읽고 있었는데, 정말이지 너무 놀라 내 눈을 믿을 수 없었다!

▶ "회사에서 무슨 일이 일어나고 있는지 전혀 모르겠어요."

▶ "스팸메일 같은 불필요한 이메일 때문에 항상 시간을 낭비해요! 심각한 것은 정작 내가 꼭 알아야 할 중요한 사안에

대한 이메일은 오지 않는 다는 거죠."

▶ "사내 인트라넷*Intranet*은 항상 불안정해서 작동되지 않고, 게시판은 항상 혼란스러운데다 오류투성이의 이메일 시스템 때문에 다른 직원들의 항의전화가 빗발쳐요. 업무를 볼 수 없을 정도라니까요."

▶ "사람들은 자기가 뭘 원하는지 분명히 밝히지 않는 것 같아요. 알 수가 있어야죠."

▶ "직원들의 프레젠테이션 준비가 항상 엉성해서 회의에 들어가면 그저 시간낭비만 하는 것 같아요."

▶ "대부분의 사내 커뮤니케이션이 혼란스럽고 서로 상충되는 내용이라서 내가 정확히 뭘 해야 하는지 파악하기가 정말 힘듭니다."

전체적으로 회사에 대한 직원들의 만족도 결과는 만족스러웠지만, 커뮤니케이션에 대한 팀원들의 의견을 살펴보면 내가 뭔가 크게 잘못하고 있음이 분명했다. 휴게실에서 커피 한 잔을 마시며 팀원들의 소감을 찬찬히 읽는 동안 마치 뒤통수를 한 대 맞은 듯 당황스러운 기분이었다.

'어떻게 우리 팀에서 커뮤니케이션이 이처럼 큰 문제가 돼버린 거지? 스스로 커뮤니케이션에는 꽤 소질이 있다고 자부하고 있었고, 메시지를 작성할 때에는 내 생각을 최대한 분명히 전달하려고 언제나 노력했는데….' 분명 무언가 잘못되고 있었다!

이렇게 상처 받은 자존심을 추스르려 애쓰고 있는데, 나의 동료이자 절친한 친구인 마이클*Michael*이 나를 발견하고 커피잔을 손에 든 채 다가왔다. 웬일인지 그도 침울한 얼굴이었다. 내가 뭐라 말을 꺼내기 전, 그가 심각한 표정으로 속삭였다.

"내 팀원들이 설문조사에 뭐라고 썼는지 자넨 아마 상상도 못 할 거야. 뭐, 전체적으로는 괜찮은 평가를 받았다고 할 수 있지만, 이 한 부분만큼은 도저히…."

그가 말하는 중간에 내가 끼어들었다. "음, 내가 맞춰보지. 혹시, 커뮤니케이션 아닌가?"

"어떻게 알았나? 정말 놀랍지 않은가? 커뮤니케이션을 하기 위해 우리가 얼마나 많은 시간과 공을 들이는데 말이야. 매일같이 자료를 준비하고, 이메일을 보내고, 음성 메시지를 남기고, 회의를 소집하고…. 어떻게 커뮤니케이션이 문젯거리가 될 수 있을까? 더 이상 뭘 어떻게 하라는 거지? 난 매일 팀원들과 의견을 주고받느라 진이 다 빠지는데 말이야!"

바로 그때, 저만치에서 제프 월터스*Jeff Walters*의 모습이 보였다. 얼마 전까지 그는 마이클과 나의 상사였지만 새로운 부서가 설립된 후 그 부서의 최고 관리자로 발령받았다. 그는 정말 모범적인 리더로서 우리가 처음으로 관리자로 승진할 수 있도록 도와준 장본인이었다. 그는 마이클과 나를 보고 반갑게 다가와 테이블에 앉았다.

제프는 자리에 앉자마자 우리의 우울한 표정을 보고 뭔가 잘못되었다는 걸 눈치 챘다. 그리고 그만의 합리적인 스타일대로 날카로운 질문을 던졌다.

"자네들 둘 다 마치 큰 사고라도 당한 것 같은 얼굴이군. 무슨 일인가?"

우리는 그에게 설문조사의 결과를 보여주었다.

"자네들이 고민하는 게 리더십에 관련된 건 아닌 것 같은데." 제프가 말을 꺼냈다.

"네, 그건 아닙니다." 우리는 최대한 목소리를 낮추며 동시에 답했다. "실은 아주 기본적인 거예요. '커뮤니케이션' 말이죠!"

오해를 막기 위해 덧붙이자면, 커뮤니케이션에 대해 우리가 받은 점수가 아주 형편없는 건 아니었다. 하지만 기대치를 밑도는 수준인 건 분명했다. 이번 설문조사의 결과를 살펴보면 커뮤니케이션이야말로 팀원들이 가장 문제가 있고 개선해야 된다고 생각하는 부분이었다. 이 오점을 하루라도 빨리 기록에서 지워버리기 위해, 마이클과 나는 하루빨리 즉각적인 대처방안을 강구해야겠다는 마음이 들었다.

“따지고보면 이렇게 놀랄 일은 아닌지 모릅니다.” 나는 순순히 인정했다. “사실 저도 팀원들과 비슷한 사항들에 대해 불만이 있었거든요. 저도 똑같은 의견을 기재하기도 했고요. 하지만 그동안 이런 현실을 직시하는 대신 저만큼은 커뮤니케이션을 제대로 하고 있다고 믿어 온 것 같아요.”

“제니 말이 맞습니다.” 마이클이 말을 이었다. “제 시간을 야금야금 잡아먹는 사람들 때문에 항상 짜증이 가득했어요. 무슨 말을 하는지 전혀 알 수 없는 대화, 핵심에 대한 이해 없이 대충 작성된 보고서, 이메일을 너무 많이 보았어요. 하지만 정작 제 커뮤니케이션 능력이나 방법에 대해서는 다른 사람들보다 낫다고 자신했던 것 같습니다.

제게도 여러 가지 문제가 있긴 하지만, 사실 그보다 더 걱정스러운 건 커뮤니케이션의 문제가 저와 제 팀에게 시간 면에서나 효율 면에서나 커다란 피해를 주고 있다는 점입니다. 스트레스에 시달리는 것은 말할 것도 없고요.”

“한편은 이번 설문결과를 보면서 효과적이지 못한 커뮤니케이션 때문에 우리가 업무목표를 달성하기 힘든 것은 아닌가 하는 생각을 하게 됐어요.” 나는 덧붙였다.

이어서 마이클은 원활하지 못한 커뮤니케이션 때문에 감당하기 힘들 만큼의 과도한 업무가 발생하는 것 같다는 의견을 내

놓았다. "예를 들어, 전 우선순위에 따라 일을 한다고 하는데도 거의 매일 야근입니다. 게다가 주말에는 밀린 이메일까지 읽어야 해요."

"이런!" 내가 다른 문제를 꺼내려는 참에, 제프는 한숨을 쉬며 고개를 저었다.

"나도 예전에 자네들과 비슷한 상황에 처했던 적이 있어서 어떤 문제가 있는지 이해가 가네. 직원들을 대상으로 만족도 조사 같은 것을 한번 하고 나면, 사실 모든 관리자들은 비슷한 고민에 빠지지.

내 경험에 비추어 말하자면, 이 문제에는 분명 해결책이 존재하고 자네가 할 수 있는 부분이 있다는 것일세. 좋은 소식이지 않나?" 제프는 말을 이었다.

"하지만 그러자면 자네에게 나서서 문제를 해결하려는 의지가 있어야 하지! 자네 팀의 문제를 해결할 수 있는 방법은 대부분 상식적인 것이라 생각하네. 문제는, 수많은 상식적인 방법들이 동시다발적으로 실천되어야 한다는 점이지. 그러니까 자네들은 '지속적'으로 꾸준히 실행할 수 있는 방법을 찾아 계속 적용해야 한다네."

"맙소사, 커다란 업무가 하나 더 추가된 셈이군요." 나는 중얼거렸다.

"확실한 것은 사람들은 언제나 분명하고 확실한 커뮤니케이선을 반긴다는 것이지. 자네 팀원들의 어깨를 짓누르던 고민거리를 몇 개라도 덜어준다면, 자넨 그들로부터 엄청난 지지를 얻게 될 걸세. 다시 말해 커뮤니케이션 문제는 심각하고 복잡하긴 하지만, 분명 자네들이 고칠 수 있는 것들이고, 그만큼 노력할 만한 가치가 있다는 거야.

만약 문제를 해결하고 싶은 의향이 있다면, 앞으로 구체적으로 해야 할 일에 관해서 조언해줄 수 있는 한 분을 소개해주고 싶네. 이 문제를 어떻게 풀 수 있을지 조언을 해달라고 부탁하면 분명 기뻐하면서, 아니, 영광으로 여기면서 기꺼이 수락하실 걸세." 제프의 어조는 자신만만했다.

마이클과 내가 눈을 마주친 후 고개를 끄덕이자 제프는 말을 이었다.

"몇 년 전, 나는 내 아버지 친구인 토니 피어스 *Tony Pearce* 선생님께 연락을 해야 될 상황에 처했었다네. 대학을 졸업한 후 한동안 뵙지 못했는데 말이야. 업계에서 큰 성공을 거둔 비즈니스 리더인 토니는 현재 경영 일선에서는 은퇴한 상태지만, 여러 편의 책을 쓰고 기업의 최고경영자들의 멘토로서 여러 가지 도움을 주고 계시지. 정확한 연세는 모르지만, 중요한 건 그분은 웬만한 대기업의 고문단에 버금갈 만한 지혜와 통찰력을 갖고 계신다는 걸세.

당시 토니에게 연락을 취한 이유는 리더로서 내 자질에 대해 심각한 회의와 후회를 느꼈기 때문이었어. 토니와 만난 이후 먼데이 모닝 미팅을 통해, 토니는 리더십 부문 박사과정이라고 해도 손색이 없을 만한 깊이 있는 훈련을 시켜주었지. 그 수업은 내 경력에 있어 획기적인 전환점이 되었고, 얼마 후 난 토니와 내가 공감했던 부분을 정리해《먼데이 모닝 리더십, 8일간의 기적》이라는 책까지 쓰게 되었다네.

토니는 자기중심적이거나 '뭐든 아는 체 하는' 자수성가 형 기업가가 아니야. 평범하고 온화한 성품에 누구에게나 존경 받는 그런 분이시지. 게다가 시간과 비용을 들여서라도 자신이 가진 것을 사회에 환원해야 한다는 철학을 갖고 계시네. 그저 다른 이들을 돕기 위해서 말이야! 지난 수년간 나는 토니의 지혜를 인생의 길잡이처럼 생각하고 있다네. 자네들이 원한다면 내가 한번 전화를 드려볼 수…."

"꼭 전화해주세요!"

우리는 절박한 심정으로 외쳤다. 제프는 웃으며 점심식사 후 토니에게 전화해보겠다고 약속하고 자리에서 일어났다.

며칠 후 제프가 나에게 들려준 이야기는 이랬다. 그날 점심시간 후 제프는 그의 멘토 토니에게 전화를 했고, 토니는 현재 리더십에 관한 저서를 출간하여 출간기념회와 프로모션을 위해

외국을 순회하고 있다는 것을 알게 되었다고 한다. 토니가 돌아온 다음 제프는 그와 함께 아침식사를 하며 회사에서 실시했던 설문조사에 대한 이야기를 했고, 그 결과가 마이클과 내게 어떠한 고민을 던져주었는지 설명했다고 한다. 혹시 시간이 허락한다면 토니가 도와줄 수 있을 것 같다고 하면서 말이다.

다행히도, 토니는 기꺼이 돕고 싶다고 했다. 하지만 마이클과 내가 그에게서 가르침을 받은 후, 그 내용을 다른 사람에게 전달할 의사가 있는지 알고 싶어 했다. 그는 일단 우리와 만나보는 것에는 동의하지만, 우리가 먼데이 모닝 미팅을 끝낸 후 그때 배운 것들을 다른 이들에게 적극적으로 가르치거나, 혹은 제프가 한 것처럼 지식을 정리하여 책을 쓰겠다는 약속과 각오가 필요하다고 제프에게 말했다고 한다.

제프는 마이클과 내가 그의 요구사항에 동의하리라 확신했기 때문에, 다음주 월요일 아침 8시 30분에 첫 수업을 하겠다고 약속을 잡았다고 한다.

제프는 그간의 이야기를 정리하면서 이렇게 말했다. "자네들이 '수업내용을 남에게 전달한다'는 토니의 요청에 동의하기만 하면 문제없을 거네."

"문제없어요!" 마이클이 즉시 대답했다. "우리가 풀어야 할 이 문제의 해결방안을 다른 사람들에게도 가르쳐줄 수 있다면 정말 영광일 것 같은데요. 전 동의합니다.”

나 역시 토니의 생각이 정말 맘에 들었다. 대학에서 언론학 수업을 수강한 이후 나는 언제나 책을 쓰고 싶다는 생각을 했다. 어쩌면 토니와의 수업을 통해 내 안에서 꿈틀대고 있던 책에 대한 꿈을 펼칠 수 있는 계기가 될 수 있겠다는 생각이 머리를 스쳤다.

“좋네.” 제프가 활짝 미소를 지었다. 그는 우리와 토니를 연결시켜주어서 매우 기쁜 듯 했다.

“첫 수업은 다음주 월요일 8시 30분에 시작될 거야. 자, 약도는 여기 있고…. 그리고 약속시각에는 절대 늦지 말게!” 그런 다음, 제프는 우리에게 자신의 저서《먼데이 모닝 리더십, 8일간의 기적》을 한 권씩 건네주었다.

“토니를 만나러 가기 전에 우선 이 책부터 읽게나. 토니에 대해, 그리고 그와의 수업이 어떤 식으로 진행되는지 미리 알 수 있을 거야. 그를 만나 그의 말을 경청하고, 또 조언대로 실천한다면 자네들의 일과 인생에 커다란 변화가 있을 걸세. 자, 토니와 함께 보람찬 시간을 보내도록 하게!”

18개월 전, 마이클과 나는 조직 내에서 일어나는 커뮤니케이션 문제를 발견하고, 이 기회에 우리를 괴롭히는 문제를 깨끗이 해결하고자 마음먹었다. 그리고 다행히 모든 경험과 지식을 다

해 우리를 도와준 토니를 만나 이 책까지 쓰게 된 것이다. 당신
의 소중한 시간을 투자해 우리의 책을 읽는다면 그것이야말로
우리에게 큰 영광일 것이다.

지금부터 즐거운 마음으로 우리의 먼데이 모닝 미팅을 지켜
봐주었으면 좋겠다. 그리고 여러분도 토니가 마이클과 내게 가
르쳐준 지혜를 다른 사람들에게도 널리 전해주길 바란다!

효과적인 커뮤니케이션은 나로부터 시작된다!

토니와의 첫 미팅을 위해 그를 방문하기 전, 마이클과 나는 우리가 가장 시급하다고 생각하는 문제점들을 정리하여 미리 종이에 적어가기로 했다.

"마이클, 난 사실 토니 같은 분을 앞에 두고 우리의 결점을 속속들이 내보여야 한다고 생각하니 좀 긴장이 된다네." 나는 실제로 속이 울렁거리는 듯한 기분을 느끼며 털어놓았다.

"우리가 지금 배우러 가는 것이 뭔가? 바로 커뮤니케이션에 대해 배우러 가는 것이니 이렇게 초조함을 느끼는 건 당연할 거야. 아무리 뛰어난 연설가나 달변가라고 해도 새로운 청중 앞에서는 분명 긴장할 거야." 마이클은 날 안심시키며 이렇게 말했다.

그리고 얼마 후, 수업시각에 절대 늦지 말라던 제프의 충고를 기억하며 우리는 목록을 다 작성하지도 못한 채 서둘러 자리에서 일어났다. 그날 아침, 우리가 파악한 문제점들은 대략 다음과 같았다.

| MEMO

직원 만족도 설문조사에서 지적된 커뮤니케이션 문제들

- 많은 팀원들이 "회사에서 무슨 일이 진행되고 있는지 제대로 파악이 안 된다"고 불평한다. 우리, 즉 관리자가 최선의 노력을 기울였음에도 말이다.

- '커뮤니케이션의 분량'이 지나치게 많은 반면, 그 정확성과 효율성은 턱없이 낮다.

- 불분명한 커뮤니케이션은 또 다시 다른 비효율적 커뮤니케이션을 만들어낼 수 있으며, 이 때문에 문제가 악화될 수 있다.

- 원활한 커뮤니케이션이 이루어지지 않는 원인 중에는 직원들 간의 문화적 차이도 있는 것 같다.

- 명확하게 글을 쓰고 말하기 위해 충분한 시간과 노력을 들이지 않는 경우가 많다.

- 서로 의사소통을 할 때 일관되지 않고 혼란스러운 메시지를

주고받는 경우가 많다. 그 결과, 팀원들이 잘못된 업무를 수행하거나 진짜 해야 할 일을 파악하느라 시간을 낭비하는 경우가 발생한다.

—커뮤니케이션에 대한 문제는 관리자에게 더욱더 치명적이다. 다른 면에서는 우수한 리더십을 갖고 있는 우리에게 이 문제는 지금 당장 효과적으로 해결되어야 할 문제다.

—다행히 긍정적인 측면은, 이번 기회에 우리의 커뮤니케이션 능력을 개선할 수 있다면 업무에서 발생하는 스트레스를 줄일 수 있는 동시에 실적 역시 크게 향상될 것이라는 점이다.

우리의 첫 번째 먼데이 모닝 미팅을 위해 토니의 집에 도착한 시각은 8시 28분이었다. 마이클은 벌써부터 왠지 좋은 예감이 든다고 기분 좋게 말했다.

토니의 집은 주변의 깨끗하고 고급스러운 주택들과 조화를 이루고 있었지만 지나치게 화려하지는 않았다. 현관을 따라 곡선으로 난 길에서는 이곳을 찾는 모두를 반기는 듯한 정감이 느껴졌다.

초인종을 누르자 아가일 무늬 스웨터를 입은 토니가 할아버지 같은 온화한 미소로 우리를 맞았다.

"어서들 오게, 환영하네!" 그의 인사는 따스하면서도 진심이 느껴졌다. "이 시간에 나를 찾아주다니, 자네들은 마이클과 제니가 분명하겠지? 자네들을 무척 만나고 싶었다네!"

"저희야말로 뵙고 싶었습니다." 나는 머뭇거리며 말을 이었다. "저희가 안고 있는, 음, 문제를 해결하기 위해 이렇게 시간을 내주서서 정말 감사드립니다."

내 말에 토니는 미소를 머금었다. "좀 있으면 자네가 말한 그 문제에 대해 함께 이야기를 나누겠지만, 우선은 집안을 안내해 주지. 커피도 한 잔 마시고 말이야."

토니의 집은 근사하면서도 아늑한 분위기였다. "여기가 앞으로 8주 동안 우리가 이야기를 나눌 곳이라네." 널찍한 서재로 들어서며 그가 말했다. 서재에는 수천 권의 책들이 벽을 가득 메우고 있어 잘 정돈된 도서관처럼 느껴졌다. 그 뿐이 아니었다. 다른 쪽 벽에는 갓 출시된 듯한 최신형의 전자제품과 수백 장의 CD와 DVD가 꽂혀 있었고, 한 쪽 구석에는 화상회의 시설도 갖춰져 있었다. 그리고 책장 사이사이의 빈 선반에는 토니와 그의 가족사진 외에도 정재계의 거물급 인사들과 함께 찍은 사진들이 걸려 있었다.

서재 한 쪽에 마련된 자그마한 탁자를 사이에 두고, 우리는 푹신한 가죽의자에 앉았다. 토니는 우선 각자의 간단한 소개를 듣고 싶다고 말했다. 우리의 인사가 끝나자 토니는 다시 질문을 던졌다.

"무슨 일 때문에 여기 오게 되었나? 구체적으로 어떤 어려움에 처해 있는지 말해보게."

나는 어렵게 입을 열었다. "솔직히 말해, 최근 직원들을 대상으로 한 설문조사에서 저희 팀원들의 의견을 듣고 충격을 받았습니다. 놀랍게도 팀원들은 우리의 커뮤니케이션에 문제가 있어서 제대로 이해하지 못하겠다고 답했어요. 그래서 이 문제를 어떻게 하면 가장 효과적으로 해결할 수 있을지 조언을 들으러 온 것입니다."

"그렇다면 자네들이 제대로 찾아온 것 같군." 토니는 확신에 찬 목소리로 말했다. "나 역시 자네들이 겪고 있는 상황과 비슷한 어려움에 처한 적이 있었지. 내가 그때 알게 된 것들이 자네들에게 도움이 될 수 있을 것 같군.

지금 처해 있는 어려운 상황을 긍정적으로 해결하기 위해서, 내가 수년 전 알게 된 문장 하나를 소개해주겠네. 바로 **'피드백은 챔피언의 아침식사'**라는 말이야."

잠시 후, 토니가 계속해서 말했다. "이렇게 생각해봐. 자네들은 이제 막 실망스러운 점수가 적힌 성적표를 받은 것이네. 하지만 자네들에게 주어진 정보를 가지고 지금부터 열심히 노력한다면, 더 이상 낮은 점수에 마음을 쓰고 연연할 필요는 없어. 두려움이나 걱정을 긍정적인 방식으로 활용할 수 있다면 그건 자네들을 올바른 해답으로 인도해줄 수 있는 엄청난 계기가 될 거야. 챔피언에게 아침식사는 승리를 위해 전진할 수 있도록 에너지를 공급해주는 역할을 하지 않는가? 힘차게 나갈 수 있는 동기유발을 해주는 셈이지. 마찬가지로 **피드백 역시 더 나은 해답을 얻어 효율적인 커뮤니케이션을 하도록 도와주는 자극제**라 할 수 있어.

그러면 자네들이 고민하고 있는 문제의 해결책을 고민하기 전, 일단 우리의 수업에 관련된 몇 가지 기본규칙들을 정하도록 하지." 토니가 말했다.

그가 쓴 리스트에는 다음과 같은 것들이 적혀 있었다.

MEMO

먼데이 모닝 미팅의 기본규칙

　- 수업 시작시각과 종료시각을 정확히 지킬 것

　- 직접적인 방식으로 솔직히 이야기할 것

　- 열린 사고를 유지할 것

"네, 알겠습니다." 마이클은 자신 있게 말했다. 나 역시 즐거운 마음으로 고개를 끄덕였다.

"그렇다면, 좋아." 토니가 말을 이었다. "일단 가장 기본적인 것부터 짚어보기로 하지. 커뮤니케이션에 있어 우리가 흔히 저지르는 위험한 착각 중 하나는, 하나의 단어를 놓고 모든 사람들이 같은 의미로 생각하고 있다고 짐작하는 것일세.

그런 의미에서 팀원들이 설문조사지에 쓴 단어들이 실제 의미하는 것은 무엇인지, 혹시 그 이면에 다른 의미가 있는 것은 아닌지 자네들이 제대로 이해하는 게 중요해. 우선은 이 단어들을 올바로 해석한다면 자네들이 해결해야 할 문제를 파악하는데 큰 도움이 될 거야. 아무런 힌트도 없이 캄캄한 골목길을 돌아다니며 시간을 낭비하지 말고 말이야." 토니는 잠시 후 말을 이었다.

"자네들의 이해를 돕고자 자동차 업계에 종사하는 내 고객의 이야기를 하나 들려주지. 당시 그의 회사에서는 새로운 차를 출시하여 고객들의 반응을 조사하고 있었다고 해. 그리고 한 여성 고객이 시승에 참여하게 되었지. 그녀는 전시된 차를 찬찬히 살펴본 다음 운전석에 앉았다 내렸다를 여러 번 반복했다더군. 그리고 마침내 이렇게 말했다는 거야. '글쎄요, 탔을 때 '불편한' 느낌이 들까봐 걱정이네요.' 그 말을 들은 담당자는 즉시 자동차 좌석을 담당하는 기술자를 불러 그녀의 의견을 반영하여 고치려고 했다고 해. 그러나 그녀는 당황하면서 '오, 그런 게 아니에요'라고 말했어. '승차감은 정말 좋아요. 그렇지만 이 차의 디자인이 저희 동네 다른 차들에 비해 좀 과감한 편이라서, 보수적인 이웃 사람들이 제가 이 차를 몰고 다니는 걸 보고 뭐라고 한다면 불편할 것 같다는 말이었어요' 라고 대답했다는 거야."

"자, 어떤가?" 이야기를 마친 토니는 빙그레 웃었다. "내가 제안하는 이 방법에 대해 자네들이 '불편함' 을 느끼지 않는다면, 우선 '커뮤니케이션' 이라는 단어의 공통된 의미를 정의해 보는 것이 어떨까?"

예기치 않았던 그의 말장난에 살짝 웃음이 터져 나왔다. 앞으로 우리 앞에 펼쳐질 그의 강의가 유익하면서도 유쾌할 것이라는 생각이 들었다.

"사실 커뮤니케이션은 매우 폭넓은 주제이기 때문에, 우리가 다룰 수 있는 정도로 범위를 축소할 필요가 있지." 토니가 제안했다. "나는 자네들이 개선하고 싶어 하는 조직 내에서의 커뮤니케이션을 '중요한 커뮤니케이션' 이라고 지칭하는 게 어떨까 생각해. 이렇게 하면 '비닐봉투가 필요하세요?' 라든지 '아직도 비가 와요?' 처럼 우리에게 필요하긴 하지만 일상적인 커뮤니케이션은 논외로 할 수 있으니 말일세.

내가 생각하기에 '중요한 커뮤니케이션' 에는 뚜렷한 목표가 있네. 다른 사람의 행동을 유발하거나 중요한 정보를 전달하고, 중요한 사항에 대해 다른 이들의 생각을 바꾸거나 강화하는 역할을 하지.

이렇게 커뮤니케이션의 정의를 좁혀보긴 했지만, 사실 우리에게 주어지는 이 좁은 범위의 커뮤니케이션이 알고보면 엄청난 분량이라는 것을 자네들도 잘 알고 있을 거라 생각해.”

우리는 진지하게 고개를 끄덕였고, 그는 계속해서 말했다.

“수십 통의 전화에 이메일, 사내 인트라넷의 게시판, 각종 회의와 프레젠테이션, 여기에 직접 만나서 이루어지는 대화까지 한 사람이 회사나 조직에서 얼마나 많은 ‘중요한 커뮤니케이션’에 참여하는지 한번 생각해보면 놀라지 않을 수 없을 거야.

오늘 내가 다루고 싶은 주제는 복잡하면서도 동시에 간단한 문제라네. 먼저 자네들에게 질문을 하겠네. 조직 내에서 실제로 커뮤니케이션을 소유하는 사람은 누구라고 생각하나?”

“글쎄요.” 나는 약간 주저하며 입을 떼었다. “조직 구성원 모두일 것 같은데요.”

“맞는 대답이네.” 토니가 고개를 끄덕였다. “하지만 우리 모두가 다 아는 뻔한 이야기만 나누고 그만둘 게 아니라면, 거기서 생각을 구체화시킬 필요가 있어. 이제부터 내가 하는 말은 개인적인 비판이 아니니 오해 말기 바라네.

나는 우리를 포함한 대부분의 사람들이 어렸을 때부터 커뮤니케이션의 기본을 배우지 못했다고 생각한다네. 어쩌면 그건 당연한 일이야. 커뮤니케이션의 기본을 가르쳐야 한다고 생각한 사람은 아무도 없었거든.

커뮤니케이션을 할 때 성공적으로 이루어지도록 1차적인 책임을 지는 사람은 '발신자'라네. 예를 들어 내가 자네에게 어떤 일을 해주기 원한다거나, 자네의 생각을 바꾸고 싶다거나, 자네에게 내일 3시에 회의에 참석하길 바란다고 가정해보겠네. 그렇다면 자네가 내 메시지를 쉽고 정확하게 이해할 수 있는 형태로 전달하는 건 내 책임이라는 얘기지." 그는 차근차근 설명해나갔다.

"내가 구식이라서 그런지는 모르겠네만, 만약 자네가 내 휴대전화에 '화요일 3시 회의 마이클'이라는 문자 메시지를 보낸다면 솔직히 나는 혼란스러울 것 같네. 도대체 어느 화요일인지, 어느 마이클인지 확실치 않으니 말이야. 내가 아는 마이클만 해도 무려 14명이나 되거든. 무엇보다도 회의의 주제가 무엇인지도 모르는 상태에서 어딘지도 모르는 장소로 내가 회의를 하러 가고 싶겠나?

그렇지만 발신자뿐만 아니라 수신자에게도 책임은 있어. 만약 누군가가 내게 무엇인가 메시지를 전달하고자 타당한 노력을 했다면, 설사 그 사람이 실수를 저질렀다 해도 내가 그 메시지 자체를 무시할 권리는 없겠지." 토니는 이렇게 지적했다.

"예를 들어 보겠네. 내가 '24일 수요일'로 정해진 어떤 행사에 대한 메모를 전달받았다고 하세. 그런데 확인해보니 24일이 목요일이라면, 이 경우 정확한 날짜를 확인하는 건 내 책임이 되겠지. 이건 마치 교통 신호등과 흡사하다네. 사거리에 서 있는 상대편의 차가 신호등이 노란 불에서 거의 빨간 불로 바뀌는 순간에 돌진해온다고 해도, 내가 그 차를 무시하고 출발할 권리는 없다는 얘기지. 나 역시 사거리에 서 있기 때문에 조심해야 할 책임이 있으니까.”

이 때, 마이클이 말을 꺼냈다. “그렇다면, 발신자가 좀더 주의를 기울이고 책임감을 가지는 동시에 수신자가 능동적이고 관대한 태도를 가진다면, 커뮤니케이션상의 문제는 상당 부분 해소된다는 말씀이시죠?”

“그렇게만 된다면 아주 훌륭하겠지!” 토니가 빙그레 웃음을 지었다. “하지만 리더로서 자네들이 생각해야 할 것은 그 이상이라네. 자네들의 부서에서 일어나는 일들은 어떤가? 모든 발신자와 수신자가 아무런 의심 없이 순수한 의도를 가지고 커뮤니케이션을 했는데도, 그 결과가 혼란스러웠던 적은 혹시 없었는지 생각해보게.”

“아, 그러고 보니!” 마이클이 흥분된 어조로 말을 이었다. “며칠 전 이런 일이 있었어요. 우리 팀에 시급한 문제가 발생해서 제 밑의 관리자 두 명에게 그 일을 처리하라고 지시했죠.

문제는 이들이 서로 아무런 협의 없이 각자 일을 처리했다는 거예요. 결과적으로 두 사람이 똑같은 일을 하고 있었다는 거죠. 그 두 사람뿐만 아니라 그들을 도와서 일한 팀원들도 중복

된 일을 하고 있었다는 사실에 기분이 좋지 않았답니다. 게다가 고객 역시 두 명이 연이어 전화를 해서 같은 질문을 해댄다면서 불만을 토로했고요.

토니, 당신이 말한 관점에서 생각해보니 솔직히 우리 부서에 이런 일들이 꽤 자주 벌어지는 것 같습니다." 마이클이 풀 죽은 목소리로 덧붙였다. 그의 이야기를 듣다보니, 리더인 우리가 커뮤니케이션의 체계를 세우는 데 있어 실로 중요한 책임을 지고 있음을 절실히 느꼈다.

"앞으로 리더로서 제가 할 일은 조직 전반적으로 커뮤니케이션을 좀더 명확하게 하도록 노력하고, 어느 한 부분에서의 작은 실수가 이후에 더 큰 문제로 발전되지 않도록 주의를 기울이는 일인 것 같습니다. 저 말고는 커뮤니케이션의 전체과정을 지켜볼 수 있는 이가 없으니까요.

예를 들어 가장 첫 단계의 커뮤니케이션에서 날짜를 잘못 표기하는 단순한 실수를 저지를 경우, 그 업무와 관련된 여러 부서가 중요한 마감일을 지키지 못해서 회사 전체에 막대한 피해를 끼칠 수 있으니까요."

"바로 그거야!" 토니가 큰 소리로 외쳤다. "지금까지 우리가 나눈 이야기를 간단히 정리하자면, '내가 관련되어 있으면 내가 책임진다' 는 법칙이라네. 다시 말해 **효과적인 커뮤니케이션은 나로부터 시작된다!**는 거지.

커뮤니케이션의 과정에서 우리가 발신자거나 혹은 수신자, 전체를 총괄하는 관리자거나 어떤 역할을 담당하든 간에 가능한 한 분명하고 효율적이며 효과적인 메시지를 작성해야 할 책임이 있다네. 이 말을 잊지 말도록 해.”

토니는 시계를 흘긋 보더니, 장난스러운 웃음을 지으며 이렇게 덧붙였다. “벌써 시간이 이렇게 되었군! 자네들에게 또 하나의 시련을 안겨주지 않으려면 내가 수업을 제때 끝내야겠지? 자, 오늘 수업을 마무리하면서 자네들에게 몇 가지 과제를 내주겠네.

우선, 지금부터 다음주 월요일까지 자네들이 하는 ‘중요한 커뮤니케이션’을 자세히 분석해보게. 상황을 분석하다보면 좀 더 중요한 핵심을 파악할 수 있을 거야. 보고서를 작성해서 갖고 오길 바라네.

보고서를 작성할 때는 기사를 작성할 때 꼭 들어가는 필수적인 요소, 즉 **‘누가, 무엇을, 어디서, 언제, 어떻게, 얼마나 많이, 왜’**라는 기초적인 질문대로 적게나. 내 경험으로 보아 이 질문들은 하나의 사안을 다양한 시각으로 파악하는 데 큰 도움이 되더군.

특히 커뮤니케이션 영역에 있어 많은 사람들이 ‘무엇을’과 ‘어떻게’는 중요하게 생각하는 반면, ‘누가’와 ‘왜’라는 요소는 간과하는 경향이 있다네. 그 점을 염두하게.

그리고 또 하나의 과제가 있는데, 자네들이 생각하는 '중요한 커뮤니케이션'의 샘플, 그리고 그것들이 얼마나 효과적이었는지 판단하여 1부터 10까지 점수를 매겨서 가져오게나. 그걸 보면 자네들이 빠진 잘못된 커뮤니케이션의 늪이 얼마나 깊은지 내가 쉽게 파악할 수 있을 거야.

이와 더불어 가능하다면 위의 샘플 커뮤니케이션에 대해 자네들의 인식과 자네 팀원들의 인식의 차이를 알고 싶네. 분명 수신자 또는 발신자의 입장에서 효율성에 차이를 느낄 거야.

그리고 한 가지 과제가 더 있다네. 너무 겁먹지는 말게, 이게 마지막이라고 약속하지." 토니는 미소를 지었다. "자네들이 보기에 정말 효과적인 커뮤니케이션의 예를 하나씩 찾아오기 바라네. 그리고 왜 그 사례가 성공적이라고 생각되는지 나름대로의 설명도 함께 준비해오면 좋겠고."

설명이 끝난 다음, 토니는 우리 둘에게 노트 한 권씩을 건넸다. 겉면에는 '토니와 함께 하는 먼데이 모닝 미팅'이라는 제목이 쓰여 있었다.

"앞으로 이 노트에 우리가 만나는 동안 나누는 이야기들을 쭉 정리해보게나. 이렇게 하면 우리가 어떤 것들을 논의했는지 나중에라도 한 눈에 알아볼 수 있을 거야. 자 그럼, 자네들의 현재 상황을 개선하기 위해 이번 주에 해야 할 일은 뭐가 있겠나?”

　“우선 피드백을 ‘챔피언의 아침식사’로 보라는 충고가 제게 큰 도움이 되었다는 걸 말씀드리고 싶습니다. 덕분에 제가 처한 어려움을 완전히 새로운 관점에서 볼 수 있게 되었거든요.” 나는 힘주어 말했다. “그리고 앞으로는 불평을 멈추고 제 에너지를 좀더 긍정적인 방향으로 전환시킬 겁니다. 당신이 말한 대로 ‘내가 관련되어 있으면 내가 책임진다’ 법칙을 받아들일 겁니다.”

　“제니의 의견에 저도 동감입니다.” 토니가 준 노트를 집어 들며 마이클이 말했다. “그리고 우리가 매일매일 대처하는 ‘중요한 커뮤니케이션’의 엄청난 양을 생각해서라도, 커뮤니케이션의 문제점을 개선할 수 있는 이 기회를 정말 중요하게 여기고 모든 방법들을 실천하겠습니다!”

　토니는 우리의 변화가 정말 기쁘다고 말하고 작별인사를 해 주었다. 현관 앞까지 우리를 데려다주고 집 안으로 들어가려던 그가 몸을 돌려 말했다. “오늘 와줘서 고마워. 그리고 자네들이 이렇게 중요한 문제에 대한 안내자로 나를 찾아주어 정말 영광일세.”

　그날 오후, 나는 수업내용을 기록하기 위해 노트를 펼쳤다. 그 안에는 ‘힘닿는 데까지 자네를 도와주겠네’라는 토니의 짧은 메모가 적혀 있었다. 길지 않은 문장이었지만, 나는 토니의 진심을 그대로 느끼고 감동하지 않을 수 없었다!

그리고 아침에 나누었던 이야기와 나의 생각들을 정리하면서, 나에는 '드디어 올바른 여정에 들어섰다는' 포근한 기분이 들었다. 든든한 지원자와 함께 말이다!

첫 번째 먼데이 모닝 미팅

효과적인 커뮤니케이션은 나로부터 시작된다!

— 내가 관련되어 있는 일이라면 내가 책임진다!

— 정확한 커뮤니케이션을 하기 위해서는 단어의 의미에 대해 공통된 이해를 해야 한다.

— 효과적인 커뮤니케이션은 바로 나로부터 시작된다.

— '중요한 커뮤니케이션' 에 집중한다.

커뮤니케이션의 핵심은 목표설정

다음주 월요일 아침이 밝았다. 토니의 집에 가기 전, 그와의 만남을 위해 마이클과 나는 먼저 만나 우리의 과제를 점검하기로 했다. 마이클은 어딘가 초조한 기색이었다.

"자네는 어떤지 모르겠네만, 토니의 과제를 직접 해보려니 생각처럼 그리 간단치 않았어."

"무슨 말인지 알겠네. 실은 나도 그가 수업시간에 얘기한 주요 포인트를 머리로는 거의 다 이해한 것 같은데, 막상 내 상황에 적용해보려니까 해결책이 안 나오더군."

마이클은 회사에서 일상적으로 부딪치는 '중요한 커뮤니케이션'을 하나의 표로 작성해왔다. 내가 조사해온 것과 나란히 놓고 비교해보니 가장 눈에 띄는 차이는 커뮤니케이션 매체의 비율이었다. 커뮤니케이션이 이뤄지는 매체에서 나의 경우는 이메일의 비중이 높았지만, 마이클은 전화가 차지하는 비중이 훨씬 높았다. 뿐만 아니라 우리는 공통적으로 커뮤니케이션 자체의 양, 그러니까 우리가 매일, 매주 대처하는 커뮤니케이션의 양이 얼마나 많은지 놀라지 않을 수 없었다.

마이클의 과제는 다음과 같았다.

필수 질문 항목	'중요한 커뮤니케이션'의 양 (1주 기준)					
누가	내부 : 팀, 타 부서, 경영진 외부 : 공급업체, 판매 협력업체, 고객, 동종업계의 협회					
무엇을	각종 프로젝트 및 프로그램 협력, 업무 관련 사항들, 가격 결정, 직원관리, 언론홍보, 그 외 각종 비즈니스 사항들					
어디서	사무실, 차 안, 집, 호텔, 고객의 위치					
언제	하려고만 하면 매일 24시간이라도…					
어떻게	이메일, 인스턴트 메신저	전화, 음성 메세지	회의	사내 인트라넷, 인터넷	팩스, 메모	직접 대면

얼마나 자주 (발신&수신)	200	30	15	10	30	20
왜	사람들에게 정보를 전달하고, 업무를 추진하고, 협조를 요청하기 위해					

또한 우리가 하는 커뮤니케이션이 얼마나 효과적으로 수행되고 있는지 평가하기 위해 우리는 스스로의 커뮤니케이션을 평가하여 점수를 매기고, 우리 팀원 몇 명에게 간단한 설문조사를 부탁하기도 했다. 이 결과를 바탕으로 마이클과 나는 두 항목을 비교하기 쉽도록 나란히 놓고 표를 만들었다. 마이클과 그의 팀의 커뮤니케이션 효과 진단은 다음과 같았다.

커뮤니케이션 방법	커뮤니케이션 효과 측정치 (10점 만점)		
	마이클	마이클의 팀원	차이
이메일, 인스턴트 메신저	6	5	-1
전화, 음성 메시지	6	6	0
회의	8	4	-4
사내 인트라넷, 인터넷	7	5	-2

팩스, 메모	6	5	-1
직접 대면	8	6	-2
정식 프레젠테이션, 서면 보고서	6	5	-1
전반적인 커뮤니케이션	6	5	-1

마이클은 고개를 내두르며 말했다. "세상에! 우리가 매일 주고받는 커뮤니케이션의 양도 그렇지만 그것들이 얼마나 비효율적으로 이루어지고 있는지 정리해놓고 보니 정말 놀라워. 팀원들이 그동안 불만을 느껴온 것도 무리는 아니군. 게다가 우리가 생각하고 있는 것과 팀원들이 실제로 느끼는 것 사이의 차이도 상당히 크고 말이야." 나 역시 마이클과 크게 다르지 않은 결과가 나왔기 때문에 그의 말에 더욱 공감이 갔다.

우리가 토니의 집 현관에 도착한 시각은 8시 29분 55초였다. 토니는 문을 활짝 열어 우리를 반가이 맞았다. 안에 들어서서 보니 시계바늘이 정확히 8시 30분을 가리키고 있었다.

"어서 오게. 바로 시작했으면 하는데 다들 준비가 되었나?" 토니가 우리를 환영하며 이렇게 말했다. 우리는 주방에 잠시 들러 각자의 컵에 커피를 따른 후 곧장 토니의 서재로 향했다. 푹

신한 가죽의자에 깊숙이 몸을 묻고 우리는 그의 말을 경청할 준비를 갖췄다.

"자, 지난번 내가 내준 과제는 어땠나?" 반대편 의자에 앉으며 토니가 물었다.

"저, 아니 우리 둘 다 이번 과제를 통해 현 상황을 새롭게 인식하게 되었어요. 하지만 지금 제 머리 속에는 답보다는 질문이 더 많은 상황입니다. 토니, 당신 같은 사람이 우리를 도와주어서 정말 다행이에요." 마이클이 말을 꺼냈다.

"맞습니다." 나도 덧붙였다. "그리고 솔직히 말씀드려 '중요한 커뮤니케이션'의 양이 이정도로 많다는 것을 확인하고 나니, 과연 이런 어마어마한 문제를 해결할 수 있는 방법을 찾을 수나 있을지 걱정이 태산이에요. 앞으로 우리의 커뮤니케이션 능력이 상당히 향상된다고 해도, 리더라는 위치에 있으면 그 문제가 기하급수적으로 커지고 심각해지기도 하잖아요. 물론 최선을 다하겠다고 각오하고 있지만, 제가 관리하는 팀원들의 것까지 치면 매일 수백 개의 메시지를 개선해야 하는 셈이죠."

"바로 그걸세!" 토니는 손가락을 튕겼다. "이제 내가 왜 애초부터 자네들에게 이 수업시간에 배운 것들을 다른 사람들과 공유하라고 강조했는지 이해하겠나? 자네들은 분명 팀의 관리자이기는 하지만, 이 문제는 한두 사람이 나선다고 해결될 사안은 아니라네. 자, 이번에는 자네의 얘기를 들어볼까?" 토니가 나를 보고 말했다.

"네, 우선 마이클과 저는 한 주 동안 각자의 커뮤니케이션 활동을 정리했습니다. 작성은 물론 따로 했고요. 오늘 아침 여기 오기 전, 조사결과를 토대로 해서 몇 가지 표를 만들어보았어요. 사실 이 표는 마이클의 아이디어였는데, 제 생각엔 우리가 처한 상황을 한눈에 쉽게 보여주는 것 같습니다." 그리고 나는 토니에게 보고서를 건냈다.

"칭찬해줘서 고맙네." 마이클이 내게 미소를 보냈다. "제 분석이 그리 정교한 것은 아니지만, 우리의 문제점이 무엇인지 확실히 드러내준다고 생각해요. 이 표를 보면, 신통치 않은 점수를 받은 부분들을 확 개선하면서 우리와 팀원들 간의 커다란 인식차이를 메워줄 아주 획기적인 해결책이 필요하다는 것을 알 수 있죠."

"확실히 옛날에 내가 일하던 방식과는 많이 달라졌군." 표에 대한 마이클의 설명이 이어지는 동안, 토니는 주의 깊게 표를 바라보고 말했다. "이메일의 양이 눈에 띄게 늘었어. 하지만 그 덕분에 끊임없이 울려대는 전화벨에서는 어느 정도 자유를 얻었을지도 모르겠군. 내가 일을 하던 시절에는 심지어 단 하루

동안 50~60통의 전화를 받기도 했다네.”

잠깐 생각하는 표정을 지은 후 토니는 말을 이었다. “하지만 ‘자유’라는 말이 부적절할 수도 있겠어. 전화 대신 인스턴트 메신저 *Instant Messenger* 라는 게 사람들을 구속하고 있으니 말일세. 특히 함께 일하는 사람들이 항상 자신들의 메시지를 받아주기를 기대한다면 말이지.”

말을 마친 토니는 표를 내려놓았다. “해결책에 대한 이야기로 넘어가기 전, 자네들이 해온 커뮤니케이션 분석결과를 다시 한 번 살펴보는 게 좋겠다는 생각이 드는군. 자네들이 생각하는 가장 큰 문제가 뭔지, 그리고 효과에 대한 수치가 낮은 주된 원인이 무엇이라고 생각하는지 자네들의 의견을 직접 듣고 싶어.

지난 주 수업에서 효과적인 커뮤니케이션을 방해하는 몇 가지 원인들을 잠깐 언급했었지. 날짜를 잘못 쓰는 등의 사소한 실수 말이야. 이번 과제를 하면서 추가적으로 떠오른 게 있었나? 단순히 커뮤니케이션 양이 많아서 문제가 생기는 건가? 혹은 명확성이나 기본적인 방법이 부족해서인가? 아니면 그 모든 것이 합쳐진 문제인가?”

나는 한숨을 쉬며 시인했다. “토니, 솔직히 그렇게까지 깊이 생각해보지는 않았습니다. 하지만 지금 당신의 질문에 답하자면 그 모든 것이 이유라는 생각이 드는군요.

제가 보기엔 가장 처음 일어나는 커뮤니케이션에서 중요한 메시지가 제대로 전달되지 못하기 때문에 끊임없이 악순환이 일어나는 것 같습니다. 그 결과, 처음부터 메시지의 질이나 명확함이 떨어지기 때문에, 정확한 상황을 파악하기 위해서 또 다른 커뮤니케이션이 일어나게 되죠. 이런 식으로 커뮤니케이션의 양은 점점 늘어나지만, 그 하나하나에는 여전히 허점이 있기 때문에 커뮤니케이션이 진행될수록 업무가 혼란스러워지고 감정적으로 힘들게 되죠. 그러면서 상황이 더 복잡해지는 경우도 많고요.

사실 지난 주, 우리 팀에는 이런 문제를 단적으로 보여주는 사건이 있었어요. 그때 일어났던 일을 다시 한 번 돌이키며 대략적으로 정리해봤습니다."

부장이 수신인을 크리스, 제니를 참조인으로 보낸 이메일

스미스*Smith*에 대한 상세자료가 즉시 필요함.

제니가 부장을 수신인, 크리스를 참조인으로 보낸 이메일

크리스가 오늘 출장 중이어서 제가 그녀의 책상을 찾아 봤는데, 스미스에 대한 자료는 없었습니다. 혹시나 해서 컴퓨터를 검색해보니 스미스라는 사람과 관련된 파일이 몇 개 있는데 어느 스미스인지 확실치 않아 부장님께 확인차 전화 드렸지만 연결되지 않아 음성 메시지를 남겼습니다. 저는 지금 회의에 들어가 봐야 하니 돌아온 후 더 찾아보기로 하겠습니다.

부장이 제니에게 남긴 음성 메시지

로널드 B. 스미스*Ronald B. Smith* 파일을 찾아볼 것

제니가 부장에게 남긴 음성 메시지

이번에도 못 찾았습니다. 어디를 찾아봐도 로널드 B. 스미스에 대한 자료는 보이지 않습니다. 컴퓨터에도 '스미스'라는 거래계좌 폴더 안에 저장된 파일이 여러 개 있긴 하지만, '로널드'라는 사람은 없습니다. 이 문제에 대해 보고하려고 부장님 자리에 들렀는데, 퇴근하신 것 같아서 음성 메시지를 남깁니다. 크리스가 오늘 저녁 도착 예정이니 잠시 후 전화해보겠습니다.

제니가 크리스의 휴대전화에 남긴 음성 메시지

도착하는 즉시 부장님 휴대전화로 전화해서 스미(지지직) 건에 대해 알려드릴 것. 부장님의 휴대전화 번호는 24(지지직) 343(지지직) 번임.

크리스가 부서장의 휴대전화에 남긴 음성 메시지

비행기가 3시간이나(지지직) 하는 바람에 연락이 늦었습니다. 슈미츠*Schmidt* 건에 대해 뭔가가 필요하시다고 들었는데, 전화(지지직) 컴퓨터에 접속해서 바로 필요하신 자료를 보내드리겠습니다. 제 번호는 231(지지직) 번입니다.

크리스와 부장의 실제 통화내역 (그날 밤 늦게)

크리스 : 조금 전에 휴대전화로 메시지를 남겼는데 연락이 없으셔서 다시 한 번 전화해봤습니다. 너무 늦게 전화 드려 죄송합니다. 슈미츠 건에 대해서는 어떤 자료가 필요하신지요?

부장 : (화난 목소리로) 그렇잖아도 다시 연락 오기만을 기다리고 있던 참일세! 누군가 메시지를 남기긴 했는데 이름과 번호가 확실히 들리지 않더군. 그건 그렇고, 내가 찾는 자료는 슈미츠가 아니라 스미스 일세. 다운타운 프로덕츠 앤 서비스*Downtown Products and Services* 사의 그 스미스 말이야.

크리스 : 전화를 늦게 드려서 정말 죄송합니다. 보스턴*Boston*에서 출발한 비행기가 연착돼서요. 요청하신 로널드 B. 스미스 씨의 거래계좌는 데이브의 관할로 이동됐어요. 아, 지난 달 개편이 있었으니까 담당자가 팻으로 바뀌었을 겁니다. 필요하시면 제가 지금 데이브나 팻의 집에 연락을 해볼 수….

부장 : 됐네! 너무 밤늦은 시각인데다 자네 담당이 아닌 일이잖아. 내일 아침 내가 제니와 데이브를 불러 직접 해결하겠네.

"물론 한 가지 경우만 놓고 전체를 이야기할 수는 없겠지만, 실은 이와 비슷한 일이 너무나 자주 일어나고 있습니다…. 감정적으로 짜증도 나고 낭비되는 시간도 만만치 않고요." 한숨을 쉬며 나는 이렇게 말을 맺었다. "제대로 한다면 단 한 번에 끝낼 수 있는 일을 우리는 평균 네다섯 번의 커뮤니케이션을 거쳐야 해결하고 있는 것 같습니다."

마이클이 내 말에 덧붙였다. "제니가 우리가 안고 있는 문제점을 '제대로' 지적한 것 같습니다. 의사전달을 처음부터 정확히 한다면, 앞의 경우처럼 엉뚱한 대답을 기다리느라 시간을 허비하지 않아도 될테니 업무 역시 훨씬 빨리 진행될 겁니다."

"빙고! 정말 맞는 말이네!" 문제점이 속속 드러나는 데도 불구하고 토니는 오히려 밝은 표정이었다.

"일에서나 인생에서나, 뭔가를 처음부터 제대로 한다는 건 엄청난 이익이 될 수 있다네. 그런 만큼 가장 첫 단계의 커뮤니케이션을 제대로 하는 방법에 관해서는 추후 자세히 이야기할 예정이야. 하지만 지금은 내가 내준 또 다른 과제가 더 궁금하군. 효과적인 커뮤니케이션의 훌륭한 사례와 그 이유 말일세."

"저의 경우 멀리 찾아볼 필요가 없었습니다." 마이클이 먼저 시작했다.

"제 사무실 바로 옆에 회사의 광고부가 있답니다. 입구에 광고부 직원들이 '번뜩이는 영감의 벽' 이라고 부르는 공간이 있는데, 국내외를 통틀어 과거에 큰 성공을 거두었던 광고들을 선별해 붙여놓았죠. 50개라도 골라올 수 있었지만, 제가 개인적으로 가장 좋아하는 것 하나만 뽑아봤습니다." 마이클은 자신의 선택이 스스로도 만족스러운 듯 힘차게 말을 이었다.

"혹시 'Got milk?' 라는 문구를 카피로 한 광고를 알고 계시나요? 미국낙농협회(American Dairy Farmers Association)의 우유마시기 장려 캠페인 말입니다.

이 캠페인에서는 유명 연기자와 가수에서부터 애니메이션 주인공까지 등장하여 우유에 대한 여러 가지 장점을 말해줍니다. 흔히 '우유를 마시자'는 캠페인이라면 엄마와 아이가 등장하는 다소 뻔한 광경을 상상하겠지만, 여기는 사람들의 통념을 깨는 아주 멋지고 세련된 이미지가 가득해요. 이 캠페인은 다양한 측면으로 사람들을 끌어들입니다. 시각적으로, 감정적으로, 이성적으로, 또 잠재의식까지 고려해서 만들어졌죠. 결과적으로 지난 수년간 미국의 낙농업계는 이 캠페인을 통해서 상당한 혜택을 얻었다고 합니다. 의심할 바 없이 아주 효과적인 커뮤니케이션이에요.

그렇다면 왜 이 캠페인이 성공을 거둔 걸까요? 무엇보다도 목표가 뚜렷했기 때문입니다. 다시 말해 소비자가 더 많은 우유를 소비하고, 더 많은 우유를 마시도록 하자는 뚜렷한 목표가 있었죠. 이를 위해 **메시지는 사람들이 이해하고 기억하기 쉽도록 짧고 분명하고 구체적이었어요.** 여기에 종종 유머러스한 요소를 가미하기도 했는데, 예를 들어 여기 등장하는 유명인들이 우유를 마신 후 입가의 흔적을 마치 콧수염처럼 달고 있는 이미지 말입니다. 또한 어떤 때는 우리 각자의 어린 시절을 떠올리게 하는 강력한 메시지를 담기도 했어요. 생각해보세요, 시원한 우유 한 잔이 없었다면 어린 시절 먹던 빵이나 초콜릿 케이크가 그만큼 맛있게 느껴질 수 있었을까요? 간식을 먹을 때도 입안이 퍽퍽하게 느껴질 때면 어머니는 '우유부터 마시렴' 이라고 말씀하시곤 했죠."

토니가 고개를 끄덕였다. "훌륭하네. 게다가 자네가 말한 그 '번뜩이는 영감의 벽'은 나도 한번 볼 필요가 있을 것 같네. 언제나 그렇지만 광고업계에는 우리가 배울 점이 아주 많지."

이 말과 함께 그는 책상 맨 위의 서랍을 열더니 몹시 낡아 보이는 종이를 한 장 꺼냈다. "오래 전, 한 광고회사의 관리자가 적어준 인용문이라네. 짧은 글이지만 담고 있는 메시지는 아주 의미심장하지."

미국의 위대한 무대 연출가
데이빗 벨라스코*David Belasco*는 이렇게 말했다.

"당신이 내 명함 뒤에 당신의 아이디어를 쓸 수 없다면,
당신은 진짜 아이디어를 가진 것이 아니다."

나는 그 말에 전적으로 동감했다. "와, 정말 옳은 말이에요. 저 역시 과제를 하면서 광고와 연예계 분야를 살펴보았습니다. 그러다가 심오한 메시지를 간결하면서도 명쾌하게 전달한 예가 어디 없을까, 이런 생각으로 유명 인사들의 연설문을 찾아보게 되었죠.

잘 알려진 마틴 루터 킹*Martin Luther King*의 '나에게는 꿈이

있습니다(I have a dream)’ 연설에는 영혼을 울리는 듯한 강력한 힘이 느껴졌습니다. 또 미국의 대통령 프랭클린 D. 루스벨트 *Franklin D. Roosevelt*의 ‘이 날은 치욕의 날로 기억될 것입니다 (A date that will live in infamy)’ 연설 역시 마찬가지였고요.

하지만 제가 최종적으로 선택한 건 로널드 레이건*Ronald Reagan*이 1987년 6월 12일 독일의 수도 베를린*Berlin*의 브란덴부르크*Brandenburg* 문 앞에서 한 연설중 한 문장이었습니다. ‘미스터 고르바초프*Mr. Gorbachev*, 이 벽을 허무시오!’

정말 강력한 메시지 아닙니까? 하지만 이 연설이 정말 성공한 커뮤니케이션인지 의심된다면 그 결과를 보면 되겠죠. 로널드 레이건은 이 연설문에서 그가 내세운 목표를 달성했고, 그후 채 2년이 지나지 않아 그 당시 소련은 개방정책을 취했어요. 이 짧은 한 문장이 냉전의 상징이었던 베를린 장벽을 무너지게 한 것입니다. 1989년 브란덴부르크 문은 40년 만에 다시 열렸고, 서독과 동독으로 분단되었던 두 개의 독일은 1990년 드디어 통일을 이루었습니다.”

“정말 훌륭한 예였네.” 토니가 고개를 천천히 끄덕였다. “게다가 우리가 생각해야 할 다음 단계로 자연스럽게 나아가게 해주는군.

커뮤니케이션 과정의 핵심은 우선 **분명한 목표**를 정의하는 것일세. 만약 커뮤니케이션을 통해 뭘 이루고 싶은지 모른다면, 초점 없는 대화를 하면서 많은 시간과 에너지만 허비하게 될 걸세. 결국 무언가 달성하기는커녕, 오히려 사람들에게 혼란만 주는 메시지를 만들어내겠지. 자, 여기서 자네들이 목표라는 개념이 뭘 뜻하는지 짚어보는 게 좋겠지? 우리가 앞으로 쭉 다루게 될 주제니 철저히 알아둬야지." 확신에 찬 목소리로 토니가 말했다.

"뚜렷한 목표란 **동사를 포함하는 짧은 문장**으로 표현될 수 있어. 그리고 달성하고자 하는 것들을 정의하지.

한편, **구체적인 기대결과**란 마치 나무블록 같은 개념으로, 기대결과가 여러 개 모여서 목표를 이룬다고 보면 되네. 역시 동사를 포함한 짧은 구절이나 문장으로 표시할 수 있고, 목표를 이루기 위해 필요한 태도나 행동의 변화를 담고 있어."

토니는 커피를 한 모금 마시고 다시 말을 이었다.

"또한 목표에 대한 시각을 약간 달리하자면, **목표는 동기와 같다**고 볼 수도 있다네. 우리의 말과 행동을 일으키는 숨은 '이유' 말일세.

텔레비전에서 보면 강력계 형사들은 여러 용의자중에 실제 범인을 가려내기 위해 범행동기를 찾는 데 집착하지 않던가. 명백하고 뚜렷한 동기가 발견되지 않는다면, 그건 정말 벌을 받아 마땅한 비이성적 범죄거나, 혹은 형사들이 다시 원점으로 돌아가 사건의 전모를 좀더 깊숙이 파헤쳐야 하는 경우, 이 둘 중 하나지. 이렇게 해서 형사들이 납득할 만한 목표, 다시 말해 그런 악행이 일어나게 만든 실제적인 동기를 찾아냈을 때, 비로소 수사가 마무리 되는 것이지.

어떤 면에서 불완전한 커뮤니케이션은 비이성적인 범죄와 흡사하다고 할 수 있어. 동기가 없는 범죄라는 점에서 말일세. 뚜렷한 목표가 없는 메시지를 전달 받은 이들은 발신자가 뭘 말하려 하는지, 뭘 이루고 싶어 하는지 알아내기 위해 이리저리 추측을 해야 된다네. 마치 형사처럼 말이야." 토니는 잠시 말을 멈추고 커피를 한 모금 마셨다.

"자, 오늘 수업은 여기서 마치기로 하겠네. 다음주 수업전까지 자네들에게 부탁할 것이 있어. 커뮤니케이션을 할 때 좀더 분명한 목표를 가지려면 어떻게 해야 효과적일지 개선책을 생각해봐. 그런 다음엔, 커뮤니케이션 과정에서 처음부터 제대로 메시지를 전달하려면 무엇을 고쳐야 할지 집중적으로 고민해보기 바라네. 마지막으로, 자네들이 처해 있는 전반적인 커뮤니케이션 문제를 앞으로 어떻게 해결해나갈 것인지 구체적인 실행 계획을 세워보게나."

말을 멈추고 잠시 생각을 정리하는 듯 하던 토니는 우리를 조용히 바라보았다. "그러고 보니 오늘 수업에서 꽤 많은 내용을 다룬 것 같은데, 지금 자네들에게 너무 부담이 되지 않았으면 좋겠군."

"아무래도 오늘 들은 내용을 제대로 소화하려면 시간이 좀 필요할 것 같습니다." 나는 천천히 말을 이었다.

"걱정하지 마십시오. 이제 시작인 걸요." 평소처럼 마이클이 씩씩하게 말했다.

"좋아." 토니는 고개를 끄덕였다. "자네들도 느꼈겠지만 커뮤니케이션이라는 건 사실 매우 복잡한 주제라네. 이야기를 나누다보면 자칫 다른 길로 빠져 들어 방향을 상실할 수도 있지. 따라서 늘 기본과 핵심을 잊지 않고 있어야 해. 그것이 중요하지.

그래서 말인데, 자네들에게 제안 하나 하지. 앞으로 수업이 끝나면 그날 했던 이야기를 각자 노트에 적고, 다음 수업에 오기 하루나 이틀 전까지는 잠시 덮어두게나. 머리를 식히면서 며칠 동안 생각을 정리한 다음에 노트를 펼쳐보고 복습해. 단, 일요일에는 아무것도 생각하지 말고 푹 쉬고 말이야!"

그날 오후, 내가 먼데이 모닝 미팅 노트에 정리한 내용은 이러했다.

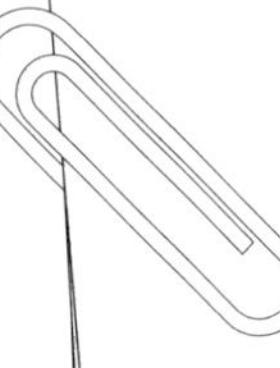

두 번째 먼데이 모닝 미팅

커뮤니케이션의 핵심은 목표설정

— 잘못된 커뮤니케이션은 악순환이 될 수 있다. 최초의 커뮤니케이션이 불완전하고 비효과적으로 이루어질 경우, 그 이후 커뮤니케이션의 양 자체가 늘어나고 더욱 비효과적인 반복이 이어진다.

— 짧고 정확한 것이 길고 복잡한 것보다 낫다.

— 생생한 이미지, 예를 들어 시각적, 정신적 이미지는 효과적인 커뮤니케이션의 주된 요소다.

— 강한 느낌의 단어를 선택하라!

— 뚜렷한 목표는 커뮤니케이션의 기본 중 기본이다.

THE THIRD MONDAY
커뮤니케이션의 우선순위

"어이! 좋은 아침이야!"

세 번째 월요일 아침, 나는 토니의 집 앞마당에 차를 주차시키고 있었다. 비슷하게 도착한 마이클은 나를 보더니 거의 소리를 지르며 인사를 했다.

"아, 놀라게 했다면 미안하네. 목소리라도 좀 크게 하면 오늘 수업에서 그나마 자신감을 가질 수 있지 않을까 해서 말이야!"

"이런, 자네도 나와 같은 심정인가 보군." 나는 서류 가방에서 파일을 꺼내며 피식 웃었다. "나도 자네처럼 큰 목소리로 말하는 방법을 사용해봤다네. 반대로 아주 부드럽게 얘기해보기도 했어. 사람들이 내 말을 듣고 싶어 하지 않더라도 내 쪽으로 몸을 기울이고 경청하게 만들려고 말이야. 하지만 토니가 우리에게 원하는 건 이 정도의 얄팍한 기법이 아니겠지. 그건 그렇고, 자네는 지난주에 좀 어땠나?"

"지난번 커뮤니케이션의 목표에 대한 수업 이후, 나름대로 뭘 좀 만들어봤네." 마이클은 약간 멋쩍은 듯 말을 이으며 내게 종이 한 장을 건넸다. "실은 나는 이걸 '커뮤니케이션 도우미'라고 부르고 있어. 아주 간단한 방법이지만 꽤 도움이 되거든. 지난주부터 이걸 컴퓨터 모니터 옆에 붙여 놓은 후, 약 20~30건 정도의 이메일을 보냈는데 확실히 그전보다 개선되었다는 생각이 들더란 말일세. 자, 한번 봐."

커뮤니케이션 목표를 위한 '커뮤니케이션 도우미'

누가	누가 이 일을 해야 하는가? 이 일이 완료되었을 때 누가 이 일에 대해 알아야 하며 누가 알고 싶어 하는가? 누가 이 일에 관련된 정보를 필요로 하는가?
언제	이 일은 언제 일어나야 하나? 중간 마감이 있는가? 시한 내에 마치지 못할 경우 어떤 결과가 발생하는가?
무엇을	이 메시지가 전달된 후 정확하게 어떤 일이 일어나길 원하는가?

어떻게	특정한 절차나 기법을 사용해야 하나? 과정보다는 결과에 집중해야 하는 일인가? 비용이 중요한 일인가? 전체적으로 어떤 수준에 도달해야 하는가?
왜	왜 일이 일어나길 원하는가? 이 일이 나와 다른 이들에게 어떤 이익을 가져다주는가? 그들이 왜 이 일에 협조해야 하는가? 이 일의 목표가 무엇인가?

"흠, 멋진 걸." 나는 진심으로 감탄했다. "점심식사 전에 나도 한 장 복사해서 내 모니터에 붙여놓아야겠어."

마이클은 웃음을 터뜨렸다. "토니의 허락을 받은 다음이겠지. 그분이 별로라고 생각한다면 아마 당장 떼어내야 할 걸세."

우리가 수업시작 시각보다 1, 2분 정도 일찍 도착하자 토니는 언제나 그렇듯 문을 활짝 열어 우리를 반갑게 맞았다.

"들어오게. 아직도 머리가 복잡한 상태인가? 아니면 지난번 내가 제안한 '머리 식히기' 처방이 효험이 있었는지 모르겠군."

"네, 현명한 의사 선생님이 말씀한 대로요." 나는 여느 때 보다 한결 가벼워진 발걸음으로 계단을 오르며 대답했다.

"좋았어. 나도 준비가 되었다네." 토니가 활짝 웃었다.

우리는 마치 자신의 집에 온 듯 익숙하게 커피를 따르고 자리에 앉았다. 우선 마이클이 '커뮤니케이션 도우미'를 만든 이야기를 꺼내면서 수업이 시작되었다. 물론 그의 아이디어에 대해 토니는 손뼉을 치며 칭찬을 아끼지 않았다.

"정말 훌륭하네!" 그는 격양된 목소리로 말했다. "나도 한 부엌에서 붙여놔야겠는걸? 사실 아무리 커뮤니케이션 능력이 출중한 사람이라 해도 가끔 실수를 하기 마련이고, 특히 뭔가에 쫓겨 서두를 때는 정말 어이없을 정도로 부주의해지는 경향이 있지. 이 표는 분명 큰 도움이 될 걸세."

"이제 제 차례군요." 나는 입을 열었다.

"사실 이번 주말 동안 과제를 마무리 짓지 못해 좀 초조했습니다. 7살짜리 제 아들이 나무에서 떨어져 팔을 삐는 바람에 어제 오후 내내 병원 응급실에 있었거든요. 다행히 아이는 괜찮습니다. 심각한 상태가 아니라서 깁스를 할 필요는 없다고 하더군요. 제가 이 이야기를 꺼낸 이유는 병원에 있는 동안 뜻밖의 수확을 얻었기 때문이에요.

어제 응급실에서 아이를 기다리면서 의사와 간호사들이 환자들의 상태를 보고 시각을 다투는 위급한 상태인지 아닌지 분류하는 과정을 관찰할 수 있었어요. 전문용어로 **'중증도 분류'**라 한다고 들었습니다. 그걸 보니 문득 우리가 안고 있는 커뮤니케이션 문제를 해결하는 데 적용시킬 수 있겠다는 생각이 들었어요."

"병원에서 하는 일과 커뮤니케이션 사이에 무슨 상관이 있단 말인가?" 마이클이 의심스러운 듯 물었으나, 토니는 여전히 진지한 얼굴로 내 말을 경청하고 있었다.

"그 둘 사이에는 분명 유사점이 있어요. 환자의 상태를 분류하는 일은, 말하자면 응급실에 오는 사람들이 얼마만큼 응급처치를 필요로 하느냐에 따라 우선순위를 매기는 거죠. 증상의 위급 정도에 따라 치료를 받을 수 있도록 말이에요. 이 절차가 끝난 후 환자들은 자신을 치료해줄 수 있는 가장 적절한 전문가에게 이송됩니다.

이렇게 중증도 분류를 하면 의사들이 급하지 않은 코감기 환자를 과다출혈 환자보다 먼저 치료하는 실수를 저지르지 않게 될 뿐 아니라, 골절환자를 신속히 엑스레이 촬영실로 보내는 등의 시의 적절한 치료가 가능해지죠."

내 이야기를 곰곰이 듣고 있던 토니가 고개를 끄덕이며 말했다. "환자의 중증도를 분류하는 예는 나도 전혀 생각하지 못한 부분이었네. 자네 말대로 그런 방식의 분류는 커뮤니케이션 뿐 아니라 다른 비즈니스 분야에도 적용될 수 있겠어. 예를 들어, 피가 철철 흐르는 위급한 환자에게 가장 필요한 지혈과정을 건너뛰고 치료부터 시작한다고 효과가 있겠나? 그럴 때는 어떤 후속 조치를 취한다 해도 별 소용이 없을 거야."

토니에 이어 마이클이 덧붙였다. "듣고 보니 '중증도 분류'

야 말로 지금의 우리에게 꼭 필요한 일처리 방식임이 분명해요. 회사에서도 각각의 사안들을 중요도와 처리유형에 따라 정리해야 할 필요가 있는 것 같습니다."

"정확한 지적이네." 토니는 동감을 표했다. "그렇다면 커뮤니케이션을 분석하는 데 사용할 수 있는 기준은 뭐가 될지 혹시 생각해보았나?"

"그렇잖아도 지난번 직원 만족도 설문조사에서 나온 데이터를 바탕으로 우리가 해결해야 할 근본적인 문제가 뭔지 찾아 봤는데요, 대충 다섯 가지 커다란 항목으로 생각할 수 있었습니다." 내가 대답했다.

▶ **목적과 논리** : 이 항목에는 한 눈에 알아볼 수 있는 명확한 목표와 커뮤니케이션이 이루어진 후 기대되는 결과, '이 일이 내게 주는 의미'에 대한 이해, 논리적인 흐름이 포함됩니다.

▶ **매체의 선택** : 커뮤니케이션을 하기 위해 적절한 매체를 선택하는 것도 중요합니다. 이메일을 작성할 것인가, 전화를 할 것인가, 직접 만날 것인가 등 가장 효과적인 매체를 선택하도록 노력해야 합니다.

▶ **내용의 구성** : 커뮤니케이션의 가장 기본이 되는 측면을 말하죠. 글을 쓰거나 말을 할 때 필요한 문법과 문장구성, 철

자, 구두점, 이 밖에도 명확하고 분명한 메시지를 만들어내기 위한 여러 기술적 요소들이 해당됩니다.

▶**어조와 문체** : 커뮤니케이션을 위해 적절한 유머를 사용한다거나, 감정적 또는 논리적인 접근이 필요한지 결정해야 하죠.

▶**신뢰성과 진실성** : 신빙성, 정직함, 솔직함, 자료, 증거, 확증, 논증 등 상대방이 신뢰할 수 있는 메시지를 만들고 전달하는 데 필요한 모든 요소를 말합니다.

그리고 현 상황에서 우리 팀은 모든 항목에 있어 심각한 '응급지혈' 단계에 있다는 생각이 듭니다." 나는 솔직히 털어 놓았다.

"그럼 그 부분에 대해 잠시 생각해보기로 하지." 토니가 제안했다. "자네가 지금 언급한 모든 사항들은 성공적인 커뮤니케이션에 꼭 필요한 초석이야. 하지만 정말로 자네 팀원들 모두가 위의 모든 사항에 대한 문제를 갖고 있다고 생각하나? 그리고 자네의 모든 불완전한 커뮤니케이션이 위의 모든 단점을 갖고 있나?

한 가지 더 중요한 질문을 하자면, 이러한 문제를 일으키는 진짜 원인은 무엇이라고 생각하나? 지식이나 기술의 부족에서 오는 것인가, 아니면 시간에 대한 압박감이나 과로 같은 환경적

이유인가?”

“아닙니다.” 나는 이렇게 대답하면서 한편 안도의 한숨을 쉬었다. “모든 팀원들이 위의 모든 문제를 다 갖고 있지는 않습니다.”

마이클이 여전히 어두운 표정으로 입을 열었다. “하지만 이 모든 항목들이 앞으로 우리가 풀어야 할 과제라면, 이거 정말 만만치 않을 것 같은데요. 옛 속담처럼 ‘천리 길도 한 걸음부터’ 식으로는 끝을 보기 힘들겠어요. 말씀하신 대로 우리 팀원들 모두가 이 모든 문제를 안고 있는 건 아니지만, 여전히 우리는 다섯 가지 전 항목을 개선해야 하잖아요? 그것도 최대한 신속하게 말입니다.

이렇게 되면 대규모 프로젝트를 하나 더 시작하는 거나 마찬가지에요. 지금 업무만으로도 정말 벅찬 상황인데….”

“잠깐.” 토니가 끼어들었다. “한꺼번에 모든 것을 동시에 해결하는 것은 불가능 해. 차근차근 진행해야지. 일단 **손댈 수 있을 정도로 작게 나눈 다음 하나씩 처리하는 ‘각개격파’ 접근법**을 사용하면 어떤가? 이 방법이면 부담스러운 일도 작게 만들 수 있을 거야.”

토니의 지적 덕분에 마이클과 나는 비로소 안도의 숨을 내쉬었다. 확실히 우리가 안고 있는 문제 대부분은 팀원들의 기본적 소양이나 자질 부족 보다는, 현재 그들이 처한 상황에 대한 것이었다. 그리고 우리가 애초에 걱정했던 것처럼 '도저히 넘을 수 없는 벽'에 부딪힌 건 아니었다. 딜레마에서 빠져 나가는 길을 알려 주는 토니라는 든든한 지원자가 있었기 때문이다!

"토니, 당신 말대로 '백지장도 맞들면 낫다'라는 생각으로 일을 나누어서 각자에게 나눠주면 업무부담을 상당히 줄일 수 있을 것 같아요." 마이클이 다소 밝은 얼굴로 말했다. "우선 생각나는 사람으로는 인사과 킴Kim이 있어요. 그녀는 분명 이번 일에 기꺼이 참여하고 싶어 할 겁니다. 또한 이 방면의 전문가인 선생님의 전문적인 조언도 앞으로 몇 주 동안 들을 수 있을 것이고, 다행히도 올해 저희 팀에 할당된 팀원들을 위한 교육예산이 아직 좀 남아 있거든요. 저희로서는 아주 좋은 기회죠."

"저 역시 제가 쓸 수 있는 교육예산을 다 쓰지 않았어요." 내가 말했다. "생각해보니 우리 팀원들 중에도 이 일에 도움을 줄 만한 전문적 능력을 갖춘 사람이 몇 명 있습니다. 그리고 우리에게는 또 한 명의 전문가가 있죠. 바로 마이클이에요. 자네 너무 겸손해하지 말게나. 자네가 비록 커뮤니케이션 전공자는 아닐지 몰라도, 사내에선 문제해결사로 인정받고 있잖아?"

마이클이 쑥스러워 하면서 말했다. "고맙네. 마침내 우리가 이번 일을 잘 헤쳐나갈 수 있을 거라는 확신이 드는군."

"문제해결 얘기가 나와서 말인데, 이제 지난 시간에 내준 세 번째 과제 얘기로 넘어가보세." 토니는 우리의 대화를 자연스럽게 수업으로 집중시켰다. "이건 내가 문제해결을 위해 종종 사용하던 것이라네. 간단해 보이지만 실전에서는 꽤 쓸모 있지."

> **문제해결의 3단계**
>
> 1. 문제점을 나열하고 현 상황에 대한 자료를 수집한다.
> 2. 자료를 이해한 후 문제점을 명확히 밝힌다.
> 3. 해결방안과 실행계획을 수립한다.

"이거 참 훌륭한데요!" 나는 탄복했다. "그러고보면 회사에서 실시한 설문조사가 자료수집 단계가 될 것이고, 그후 우리가 알아낸 커뮤니케이션 효과도 측정, 제가 제시한 다섯 가지 분석 기준항목이 모두 여기에 속하네요. 우리가 벌써 2번째 단계를 진행하고 있는 셈이에요!"

"저도 제니와 같은 의견입니다." 마이클이 이야기를 시작했다. "이제 우리가 해야 할 일은, 좀전에 이야기한 '중증도 분류'를 이용해서 문제에 따른 우선 해결순위를 정하여 처리해야 할 사안들을 분류하는 거라고 생각해요. 아직 구체적인 해결책을 만들 준비는 안 됐지만, 오랜 시간이 걸리지는 않을 것 같습니다.

　　문제의 심각한 정도를 분류하기 위해서는 몇 가지 정보가 필요할 것 같은데, 팀원들 몇 명을 대상으로 그룹 인터뷰를 한다면 구체적인 정보를 얻을 수 있을 겁니다."

　　"그리고 만약 그룹을 바꿔서 인터뷰할 수 있다면, 다시 말해 제가 마이클의 팀원들과 인터뷰를 하고 마이클이 제 팀원들과 인터뷰를 하면 좀더 솔직한 피드백이 나올 거예요. 특히 팀원들이 자신들의 상사 때문에 이런 문제가 발생한다고 생각하는 경우라면 더 도움이 되겠죠. 이 그룹 인터뷰의 목표는 조직 내의 커뮤니케이션에서 가장 심각한 문제가 있는 영역을 찾고 어디부터 손을 댈 것인지 우선순위를 정하는 것이라 하겠습니다." 나 역시 의견을 제시했다.

　　그러자 토니가 끼어들었다. "여기서 한 가지 말해줄 사항이 있네. 아마 자네들 스스로도 곧 알게 될 일이긴 하지만, '그게 그 말이었어?' 라고 깨닫는 때까지 걸리는 시간을 조금이라도 절약하는 게 나을 듯해서 말일세.

　　사실 병원 응급실이건 직장에서건, 심각한 수준의 문제를 한 번에 하나씩 순차적으로 진행하는 경우는 거의 없다네. 오히려 현실에서는 여러 가지 문제를 동시에 처리해야 하는 일이 다반사지. 응급실에 환자들이 한꺼번에 몰려드는 것처럼 말일세.

　　예를 하나 들지. 환자의 체온을 떨어뜨리지 않기 위해서는 신경외과 의사보다는 따뜻한 담요가 더욱 절실하네. 다시 말해, 주사 한 대면 충분할 환자를 수술대 위에 올릴 필요는 없다는 말일세. 현 상황에서 가장 효과적이고 효율적인 방법을 찾는 것이 중요해."

"무슨 말인지 알겠어요." 나는 고개를 끄덕였다. "한편으론 제 생각이 거기까지 못 미쳤다고 생각하니 제 자신에게 좀 실망스러워요."

"어찌보면 컨설턴트란 쉬운 역할일 수도 있다네. 자네들이 느끼고 있는 고통을 실제로 느끼는 게 아닌데다, 어느 정도 거리를 두고 있기 때문에 큰 그림을 보기도 쉽거든. 그렇지만 자네들의 여러 가지 조사가 없었다면 난 아주 기초적인 분석조차 할 수 없었을 걸세." 토니는 잠시 미소를 지은 후 말을 이었다.

"자 그건 그렇고, 다시 본론으로 돌아가볼까. 이제 자네들이 커뮤니케이션 개선 프로젝트를 본격적으로 착수하기 위해 해야 할 다음 단계가 뭐라고 생각하나?"

"일단 지금부터라도 프로젝트 전반에 대한 신선한 아이디어를 떠올렸으면 좋겠습니다." 마이클이 의견을 제시했다. "그런 다음 제니와 제가 오늘 오후쯤 다시 만나 내용을 정리하고, 완전히 계획을 확장한 다음 다음주 먼데이 모닝 미팅에서 점검해보는 게 어떨까요?"

"좋아." 토니는 크게 고개를 끄덕였다. "우선 시작하기에 앞서 내가 오래 전부터 사용하고 있는 몇 가지 팁이 있는데 알려주지.

우선 자네들이 팀을 어떻게 변화시키고 싶은지 생각한 다음, 그것들을 종이에 적어서 공식적으로 발표할 필요가 있다고 생각해. 그런 절차를 통해 자네들의 개인적인 결심을 보다 확고하게 다질 수 있을 뿐 아니라, 더 중요하게는 팀원들에게 관리자가 팀 차원에서 중요한 문제를 해결하기 위해 신속하게 움직이고 있음을 일릴 수 있는 기회거든."

"아, 제 생각으로는 그 공고에 대해서 꼭 킴에게 도움을 청해야겠어요. 어차피 이번 프로젝트 과정에 공식적인 커뮤니케이션 기술교육이 포함될 것 같거든요. 예산은 우리 쪽에서 나오겠지만, 교육 프로그램을 짜는 건 킴의 소관이 될 테니 말입니다." 갖가지 생각들이 머리에서 떠올랐다.

마이클이 고개를 끄덕였다. "맞아요. 그리고 그 외에도 인사과의 협조가 필요할 거예요. 상사나 동료에게 직접 의견을 말하기 껄끄러운 경우를 대비해 개별 인터뷰도 필요하니까요."

"좋은 생각이군. 사무실에 돌아가는 대로 내가 킴과 스케줄을 잡아보겠네." 내가 제안했다.

이제 토니가 이야기할 차례가 되었다. "그래, 이번 일에 대해서 팀원들에게 어떤 식으로 공고할 건가? 이메일을 보낸다거나 회의를 소집한다거나 여러 방법이 있을 텐데.”

“가능한 한 신속히 발표하는 게 좋다고 생각합니다. 계획이 좀더 구체화되고 킴의 지원이 확실해지는 대로 말이죠. 이번 주 후반 정도에 팀원 전체를 대상으로 간단한 회의를 소집하여 발표하려고 해요. 그 직후부터 몇몇 팀원들을 모아 그룹 인터뷰를 진행하면 되겠죠. 우리가 설명할 프로젝트의 전체적인 그림을 충분히 동감하고 있을 동안에 말이죠.” 마이클이 천천히 말을 이었다.

“저도 동의합니다.” 내가 말했다. “직접 만나서 얼굴을 마주보고 이야기하면 질문사항을 바로 듣고 대답해줄 수 있어서 좋죠. 또 이 프로젝트에 관심을 갖고 참여하고 싶은 지원자를 모으기도 수월하고요. 그리고 회의에 참석하지 못한 팀원들을 위해 회의가 끝난 후 이메일과 인트라넷을 통해 결정된 사항들을 정리해야겠습니다. 프로젝트가 진행될 때마다 항상 회의를 할 수 없으니까 이메일이나 사내 인트라넷, 인터넷을 통해 모두에게 그때그때의 진행상황을 알려줄 것입니다.”

“OK! 좋아.” 밝은 표정으로 토니가 말을 이었다. “이번주 과제는 따로 내지 않아도 될 것 같군. 이미 나왔으니까 말이야. 앞으로 커뮤니케이션을 개선시킬 전체적인 계획을 세우고 요약해봐. 그걸 바탕으로 다음주 수업에서 더 멋진 계획으로 완성시켜

보세. 우리 셋이 머리를 맞대고 가능한 한 멋지게 말이야!" 마이클과 나는 한껏 에너지가 넘쳐 올랐다.

"자, 오늘 수업에서도 유익한 이야기가 많이 나왔군. 다음주에 보세!"

토니와 인사를 나누고 차를 타러 가면서 마이클이 내게 이렇게 말했다. "이제는 우리 둘 다 돌아갈 수 없는 단계에 이른 것 같아. 사실 앞으로 해결할 것들을 생각하니 내가 과연 잘 해낼 수 있을지 자신이 없네만, 나 혼자였다면 여기까지 이르지도 못했을 거라는 건 확실해."

"자네 말에 100% 동감하네, 마이클. 다만 안심이 되는 것은 지금껏 우리가 투자하고 있는 시간이 결코 헛되지 않으리라는 확신이 든다는 점이야. 이번 프로젝트를 완수하고 나면 일을 좀 더 효율적으로 할 수 있을 테니 더 이상 야근을 하지 않아도 되겠지?" 마이클과 나는 웃음을 터뜨렸다.

사무실에 돌아와서 얼마 후, 나는 토니와의 수업내용을 정리했다.

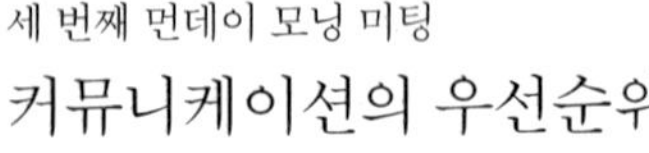

커뮤니케이션의 우선순위

- 누가, 언제, 무엇을, 얼마만큼, 어떻게, 왜 등의 기본요소를 사용해 커뮤니케이션의 목표와 기대결과를 구체화하라.
- 커뮤니케이션은 다음과 같은 여러 항목에 대해 문제가 생길 수 있는 복잡한 주제다.
  - 목적과 논리
  - 매체의 선택
  - 내용의 구성
  - 어조와 문체
  - 신뢰성과 진실성
- '중중도 분류'를 사용해서 개선되어야 할 사항들을 정확히 파악해 우선순위를 정한다.
- 문제해결을 위해 팀 전체의 협조를 얻으면 업무부담을 나눌 수 있고 팀원의 참여도를 높일 수 있다.

THE FOURTH MONDAY

철저하게 준비하고 자신 있게 발표하라

네 번째 월요일 아침, 토니의 집에 도착해보니, 마이클이 먼저 도착해 나를 기다리고 있었다. 아침에 아기가 우유를 엎어 온통 난리라면서 수업 전 우리끼리의 회의를 취소한 사람치고는 꽤나 침착하고 흐트러짐 없는 모습으로 말이다!

'뭐야 멀쩡하잖아?' 라고 생각하며 슬쩍 그에게 물었다.

"응? 우유는 실컷 마셨나? Got Milk?" 마이클은 내 농담을 듣고 현관으로 걸어가는 내내 옆에서 낄낄거렸다.

토니의 따뜻한 환영을 받으며 주방에 들른 우리는, 생각지 못한 그의 선물을 받았다. 그가 우리의 이름이 새겨진 커피잔을 준비한 것이다.

토니가 싱긋 웃으며 말했다. "어떤지 한번 보게. 다음달에 있을 최고경영자 회의 때 이렇게 개인용 컵을 사용할까 하는데 자네들을 위해 미리 만들어봤어. 사실 난 이렇게 소소한 것들에 신경을 많이 쓰는 편이거든. 사람들의 친근함을 유발하는 비교적 간단한 방법이지."

나는 토니가 준 컵을 받아 들면서 말했다. "고맙습니다. 이런 기념품에 대해서는 그다지 생각해본 적이 없었는데 효과가 있네요. 저도 제 이름이 새겨진 티셔츠, 모자, 커피잔을 여러 개 갖고 있는데, 그것들 하나하나 어디서 어떻게 받았는지 다 기억할 수 있거든요. 팀워크 강화훈련, 자원봉사 프로젝트 등 그때 함께 했던 사람들과도 계속 연락을 유지하고 있고요."

"저도 그렇습니다." 마이클이 말했다. "사실 기념품 같은 것들을 그리 좋아하는 편이 아닌데, 내 이름이 새겨진 것들은 게

속 갖고 있게 되더라고요.”

서재에 마련된 자리에 앉자, 토니는 지난주 마이클과 내가 준비한 실행계획을 이야기해달라고 했다.

“토니, 일단 저희의 계획을 설명할 테니 다 듣고 난 다음 조언을 해주시겠어요?”

“물론이지! 자, 시작하게나.” 토니가 기대에 찬 목소리로 대답했다.

‘중요한 커뮤니케이션’의 개선을 위한 실행계획

주차	무엇을? (실행내용)	왜? (목표한 결과와의 연관성)
1	전체 공고와 그룹 인터뷰	프로젝트 설명과 문제점 인식을 위해.
2	문제에 대한 ‘중증도 분류’	가장 심각한 문제 Top10을 진단하여 해결책을 강구하기 위해 (‘당장 실천’ 항목). 또한 개별 상담에서 다루어야 할 문제들을 선별하기 위해.
3	해결책의 이행 및 과정에 대한 감독. 또한 실행계획 Top10을 구상	확실한 문제점에 신속히 대처하기 위해, 실행계획 Top10의 이행을 위해서는 팀원들의 협조가 필요하다.

4	진전상황의 점검을 위한 회의	실행계획 Top10에 대해 설명하고, 모든 이들의 참여와 동의를 얻기 위해.
4~6	실행계획 Top10을 통해 개선된 것들을 실천	팀원들의 교육과 업무개선을 위해서는 시간이 필요하기 때문.
7	설문조사의 실시 및 결과분석	실행계획들이 효과적이었는가? 성공적이었다고 평가하고 지속할 수 있는가? 혹은 추가적인 개선이 필요한가?
8	종료회의와 문서화	팀 회의를 통해 결과를 리뷰하고 팀원들의 참여와 협조에 대해 감사를 표하기 위해. 향후 제3자가 참고할 수 있도록 주요사항을 분서화한다.

"아주 훌륭하네! 자네들, 이런 계획수립에 상당한 노하우를 갖고 있구면. 내가 그다지 추가할 게 없을 정도로 말일세." 토니는 칭찬을 아끼지 않았다.

"그러나, 자네에게 한 가지 질문이 있네. 자네들도 알다시피 이번 프로젝트에는 교육 프로그램을 비롯해 단번에 완성될 수 없는 여러 가지 일이 수반될 거야. 그렇다면 꽤 오랜 시간이 요구될 텐데 그동안 계속 추진력을 유지하려면 어떻게 해야겠나?"

이번엔 마이클이 대답했다. "실행계획에는 따로 적지 않았습니다만, 김과 제니, 저 이렇게 세 사람은 매주 간단한 회의를 하기로 했습니다. 모든 과정을 항상 함께 진행할 수 없으니까 이렇게 해서 각자의 상황을 공유해야 프로젝트를 성공적으로 이행할 수 있을 거라고 생각합니다."

"아, 그리고 여기 기재하지 않은 사항이 한 가지 더 있는데, 본격적인 커뮤니케이션 개선 프로젝트 착수에 앞서 상사와 회의를 할 것입니다." 내가 말을 이었다. "이 프로젝트는 우리 조직에 꼭 필요한 것이니만큼, 상사들이 매 단계마다 진행상황을 알아야 된다고 생각하니까요."

토니가 밝은 목소리로 말했다. "지금까지 중요한 기본사항들을 놓치지 않고 잘 다루어주었네. 훌륭해. 특별히 내가 이론을 덧붙일 필요가 없을 만큼 말일세. 그런데 말이야, 이 규칙들과 지침들을 실행한 후 프로젝트가 끝나갈 때쯤의 상황을 생각해보면 전체적으로 뭐랄까 좀⋯."

"⋯딱딱하고 융통성 없는 느낌?" 내가 물었다.

"맞아." 토니가 고개를 크게 끄덕였다. "어린 시절 부모님들이 항상 말씀하시던, '똑바로 앉아라', '야채를 먹어라' 식의 잔소리나 훈계조로 끝나버릴 수 있다는 거지.

자네들이 앞으로 익히고 실천하게 될 규칙과 지침은 모두 중요하다네. 그리고 그 하나하나는 '올바른' 것들이지. 하지만 우리가 정말로 필요로 하는 것은 규칙에 얽매이는 것 보다 가장 효과적인 커뮤니케이션을 하는 거야. 다시 말해 이메일이나 메모를 쓸 때 분명하고 알기 쉽게 쓰자는 것이지, 백일장에 나가는 사람처럼 보기좋게 쓰라는 게 아니야. 자네들은 관리자니까 팀원들이 이 많은 규칙에 위축되지 않도록 하려면 이것들을 어떻게 전달하고 제시해야 할지 생각해볼 필요가 있다네." 마이클과 나는 말없이 고개를 끄덕였다.

"자, 잠깐 좀 쉴까? 난 커피를 좀더 가져와야겠네. 그러다보면 영감이 떠오를지 또 누가 아는가? 아, 잠깐만…!"

토니는 갑자기 무엇인가 곰곰이 생각하는 표정을 짓다 갑자기 큰 소리로 외쳤다.

"그래! 그랬었지!" 토니의 얼굴에는 자랑스러운 미소가 서려 있었다. "생각났다네! 내 친가 쪽으로 먼 사촌쯤 되는 분이 계시는데, 오늘 수업에 딱 어울리는 분이시라네.

주제와는 상관없지만, 아주 예전에 우리 집안은 이 지역으로 이주를 했고 그 후 지금까지 여기에서 자리를 잡게 되었네. 이분의 가족들도 우리 집안이 이곳에 도착한 후 얼마 지나지 않아 이쪽으로 이주하셨지. 아무튼 내가 소개하려는 나의 사촌형님은 지금 우리의 목적에 거의 정확히 부합되는 특별한 노하우를 갖고 계셨지. 어쩌면 자네들도 이분에 대해 들어봤을지 모르겠군. 예전에 '호크아이*Hawkeye*'라는 이름으로 TV 드라마에 출연하셨는데 말이야. 나중에 듣기로는 그분이 제일 좋아하는 책 《모히칸 족의 최후》에서 딴 이름이라더군.

서론이 너무 길어져 미안하네만 이렇게 이야기하다보면 생각이 좀 정리될까 해서 말일세. 자, 내가 얘기하려는 건 '야전병원 매쉬(M*A*S*H)'라는 TV 드라마인데, 한국전쟁을 배경으로 야전병원에서 일어나는 이야기들을 다룬 풍자적인 블랙 코미디였지. 여기에 등장한 **'미트볼 수술**(Meatball Surgery)'에 대해 소개하고 싶네. 이 프로그램이 방영되기 시작한 게 아마 1970년대일 텐데 자네들이 이때 몇 살이었지? 들어본 적은 있나?" 우리는 기억을 더듬으며 어렴풋이 생각난다면서 웃음을 터뜨렸다.

"전쟁 당시, 전방 가까이 주둔한 야전병원이니 몹시 위급한 치료를 요하는 부상병들이 엄청나게 몰려들었겠지. 그래서 야전병원의 치료진들은 외관상 그다지 깔끔하지 않지만 즉각적으로 실시할 수 있는 치료법을 연마하게 되었어. 이를 보고 호크아이가 '미트볼 수술'이라고 이름 붙였지. 그래, 이 프로그램에 출연한 호크아이가 바로 내 사촌형님이야.

전쟁터이니만큼 생명이 위급한 상황의 환자들이 얼마나 많았겠나? 전장의 의사들은 인명을 구하는 게 급선무라네. '미트볼 수술'은 일 분 일 초가 아까운 위급한 환자가 그 고비를 넘길 수 있도록 우선 목숨을 부지하는 것을 최우선으로 하는 속성 응급 수술을 말하는 거야. '미트볼'은 음식을 뜻하기도 하지만 가끔은 '얼치기'라는 의미로 쓰이기도 하거든.

만약 의사들이 그 상황에 맞는 '효율중심'의 수술을 하지 않고 교과서에 나오는 것처럼 완벽한 수술을 하려 했다면, 그에 소요되는 시간 동안 다른 환자들이 죽어나갈 수 있는 거지.

그렇다고 호크아이와 동료 의사들이 부주의하게 수술을 한 건 아니었네. 이들은 치열한 전장 한가운데에서 특별한 기술, 그러니까 처음부터 가장 효과적이면서도 신속한 수술방법을 터득한 걸세.

교전지역에서 그들이 제 임무를 다하기 위해서는 생명을 살리기 위한 기술과 자신감을 가져야 했어. 그래야만 사방에서 날아오는 총알을 피하면서 처음부터 제대로 된 해결책을 낼 수 있으니까 말이야."

나는 바짝 긴장이 됐다. 사실 우리는 다른 의미의 '전장'에서 살아가고 있지 않은가? 잠시 후 토니가 다시 말을 이었다.

"급속히 변해가는 오늘날의 사회에서 자네들이 해야 할 일 역시 여기서 크게 다르지 않네. 물론 자네들이 그 의사들처럼 사람의 목숨을 좌지우지 하는 건 아니지. 하지만 자네들의 업무와 커뮤니케이션은 현재 몸담고 있는 회사의 이익, 잠재력, 장기적으로는 회사의 존립여부에 분명 큰 영향을 끼친다고 보네.

중요한 건 이걸세. 관리자는 분명 팀원들에게 커뮤니케이션 문제를 반드시 개선해야 된다는 것을 이해시켜야 해. 그러나 동시에, 우리의 목표가 **'완벽한 커뮤니케이션은 아니다'** 라는 것을 알려야 하네.

조직이 목표한 바를 이루기 위해서는 반드시 신속하게 움직여야 하며, 궁극적인 목표는 '효율성 개선' 이야. 하지만 신속성을 추구한다고 해서 커뮤니케이션 자체의 실패를 가져올 만큼의 중대한 실수를 허용한다는 뜻은 아니네. 대부분의 사람들이 오해하고 있지만 말이야. 결론은 '미트볼 수술' 에 포함된 빠르고 효율적인 사고체계를 받아들여 메시지를 처음부터 제대로 전달하라는 것이지."

"토니, 정말 멋진 아이디어입니다!" 나는 흥분을 감추지 않았다. "사실 이 프로젝트를 계획하면서도 학교의 사감 선생님처럼 학생을 괴롭히는 사람이 될까봐 걱정이었거든요."

"실은 저도 비슷한 느낌을 갖고 있었습니다." 마이클이 덧붙였다. "다만 그게 정확히 무엇 때문인지는 모르고 있었지만요. 문제는 속도와 효율성이었어요. 지금 말씀하신 개념은 한마디로 '최고' 인 걸요! 자, 그렇다면 이 개념을 우리 계획에 어떻게 접목시키죠?"

토니는 망설임 없이 대답했다. "자네들도 알다시피 모든 일은 타이밍이 중요한 법이지. 그러니까 내 생각엔 전체적인 실행계획을 팀원들에게 설명하고 나서가 적기일 것 같네. 프로젝트가 꽤나 힘들 것 같다고 한숨 쉴 시점에 '사감 선생님의 원리 원칙주의'를 말하는 것이 아니라 효율성이 중요하다는 사실을 이야기해주면 기뻐하며 안도할 걸세."

"좋은 생각입니다." 마이클이 말했다. "좀전의 실행계획서에서 보신 것처럼 전체적인 프로젝트의 목적과 과정을 모두 밝히는 자리는 약 한 달 뒤가 좋을 것 같습니다."

그러자 토니가 조언을 덧붙였다. "거기 대해서는 나중에 다시 얘기할 기회가 있겠지만, 회의석상에서 팀원들에게 '처음부터 충분히 제대로 하기' 개념을 좀더 쉽게 이해시키려면 아무래도 테마를 하나 정해 접근하는 게 좋을 걸세.

그리고 오늘 수업을 끝내기 전 다루어야 할 주제가 하나 더 있는데, 바로 회의와 프레젠테이션일세. 우리가 다루고 있는 '중요한 커뮤니케이션' 가운데에서도 자네들과 같은 관리자와 리더들에게 특히 필요한 커뮤니케이션 유형이지.

그렇지만 회의와 프레젠테이션 때문에 자네들의 진짜 중요한 업무를 방해하고 싶지는 않네. 그러니, 이번주 과제는 자네들이 지금까지 계획한 커뮤니케이션 개선 프로젝트를 위한 착수회의에 사용할 자료들을 준비하는 것으로 대신하겠네.

몇 년 전 친구가 회의나 프레젠테이션 준비를 돕는 멋진 보조 장치를 알려 줬는데, 자네들에게도 도움이 될 걸세. 실은 자네들이 이미 잘 활용하고 있는 '누가, 언제, 어디서…' 등의 '필수 질문 항목'은 프레젠테이션과 회의를 구성하는 데도 마찬가지로 중요하다네.

내 경험에 비추어 단언컨대, 이걸 잘 활용하면 더욱더 철저한 회의나 프레젠테이션 준비를 더욱더 철저하게 할 수 있기 때문에 스트레스도 덜 받고 작업시간도 상당히 줄어들 거야. 이 장치가 추구하는 바는 한 마디로 **'보이지 않는 것도 보이는 것만큼 중요하다'**는 것이지. 보이지 않는 준비에 만전을 기할수록 눈으로 드러나는 결과물은 좋아지지. 마이클이 만든 '커뮤니케이션 도우미'가 커뮤니케이션의 목표를 구체화하는 데 도움이 됐던 것처럼, 이것 역시 중요한 회의나 프레젠테이션을 준비하는 단순하면서도 멋진 방법이라고 할 수 있다네."

토니는 종이 한 장을 꺼내 표를 그리면서 설명했다. "절대 복잡하지 않으니 지금 간단히 표로 그려보겠네. 우선 지금 다루고 있는 프레젠테이션이나 회의의 이름을 쓰게. 이름을 붙이면 목적도 정의할 수 있겠지. 그 다음엔 목표와 기대할 수 있는 결과들을 정의하게.

회의(또는 프레젠테이션)의 주제/목적 :

전체적인 목표 :

기대할 수 있는 결과 :

그 다음엔 자네가 이 회의 또는 프레젠테이션과 관련하여 꼭 필요하고 중요한 이해당사자 및 관련 인물을 파악할 순서라네. 사실 이 부분을 제대로 생각하지 못하는 사람들이 많은데, 이건 아주 중요한 과정이지. 자네의 의견을 들어줄 청중이 누구인지, 그들이 뭘 기대하고 있는지 제대로 파악하지 못한다면 곤란한 상황에 빠질지도 몰라. 이 프로젝트의 착수회의를 예로 들어보지. 회계 담당자는 분명 프로젝트 경비를 어떻게 조달할 것인지 물을 것이고, 팀원 중 누군가는 추가적인 업무 부담은 어떻게 할 건지 질문할 수 있으니 관리자는 미리 대비해야 한다네.

이제는 꼭 지켜야 하는 일정이나 스케줄을 적도록 해.

주요 이해당사자 :

회의 참석자 :

일정/스케줄 :

위의 사항을 정리했다면, 이제 내용과 전체적인 흐름을 구성할 준비가 된 걸세. 다시 또 하나의 표를 그려보겠네. 우선 지난번 실행계획을 짰던 것과 동일한 방법으로 '왜' 항목을 사용하는 것이 좋아. 그러면 회의 또는 프레젠테이션에 포함될 각각의 요소가 전체적인 목표 및 기대결과에 얼마나 기여하는지 확인할 수 있거든. '어떻게'라는 항목에는 효과적인 전달을 위해 사용할 방식 및 시청각 도구를 쓰게나.

순서	시간	누가	무엇을	왜	어떻게

그리고 다음의 표는 필요한 자료 및 준비물 등을 잃어버리지 않고 챙길 수 있도록 도와준다네. 사소하지만 이런 것들 때문에 쓸데없는 시간을 낭비하는 경우가 종종 있지 않은가?"

미리 해야 될 작업 혹은 중요한 자료, 준비물 :

회의실 배치 :

설비 및 장비 :

문서 작성 방법(녹음기 또는 서기) :

기본원칙 :

"정말 훌륭한데요, 토니. 더 이상 할 말이 없을 정도로요. 제가 보통 사용하는 것보다 훨씬…. 어쨌든 제가 사용하는 계획표보다 자세하고 좋은 것 같아요." 나는 비로소 준비의 중요성을 이해할 수 있었다.

"나 역시 이런 표를 사용해야 하는 이유를 깨닫기까지 많은 시행착오를 겪었다네." 토니는 미소를 지으며 말을 이었다.

"식은 죽 먹기만큼 쉽다고 생각했던 회의와 프레젠테이션에서 몇 차례 어이없는 실수를 한 후에야 철저한 준비만 한 것이 없다고 절감했지. 이 표를 내게 준 친구가 그린 그림이 있는데 한번 보게나. 철저한 사전준비가 일의 효과에 얼마나 큰 영향을 미치는지 보여준다네.

그 친구 말에 따르면, 정말 효과적이고 인상적인 커뮤니케이션 뒤에는 '**빙산의 일각**'이라는 이론이 적용된다더군. 나도 이제는 그 친구 의견에 100% 공감해. 특히 우리가 지금 다루고 있는 회의와 프레젠테이션의 경우는 더욱 그렇지.

'**빙산의 일각**' 이론의 의미가 무엇이냐 하면, 커뮤니케이션에 있어서 사람들이 직접 보는 '**메시지 전달**'의 부분만큼 직접 볼 수 없는 부분, 즉 준비과정 역시 중요한 비중을 차지한다는 것이야. 깔끔한 문서를 작성한다거나, 보기 좋은 프레젠테이션 슬라이드도 중요하지만 이를 위한 철저한 준비가 우선돼야 하지. 준비성과 전달력 모두 전문적인 수준에 도달하지 못한다면 원하는 바를 얻지 못할 것이야.

회의나 프레젠테이션은 한 척의 배와 같다네. 충분한 대비 없이 항해에 임할 경우, 바다 한복판에서 예기치 못한 암초에 부딪혀 좌초할지도 모르지. 이렇게 허술한 준비는 배를 침몰시키는 주된 이유가 되네." 토니는 그래프를 가리키며 설명했다.

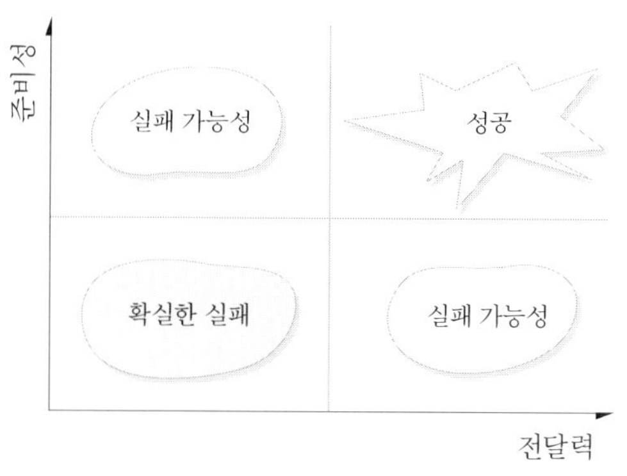

효과 = 준비성 + 전달력

"반면 준비성과 전달력, 다시 말해 사람들에게 보이지 않는 것과 보이는 것 모두에 신경을 쓰는 사람들은 언제나 효과적이고 인상적인 결과를 얻을 수 있을 뿐 아니라, 성공적인 평가를 받을 수 있을 걸세."

토니는 잠시 숨을 돌리며 커피를 마저 비웠다. "이 부분에 대해서는 아직도 할 이야기가 많지만, 시간이 거의 다 되었으니 그 얘기는 나중에 다시 하기로 하지. 가기 전에 한 마디만 더 하자면, 나는 오늘 수업에서 우리가 이끌어낸 결론들이 너무나 자랑스럽다네. 자네들에게도 큰 도움이 될 거야.”

오늘도 나는 그날 배운 내용을 꼼꼼히 정리했다. 나의 커뮤니케이션 준비습관을 깊이 반성하게 된 좋은 기회였다.

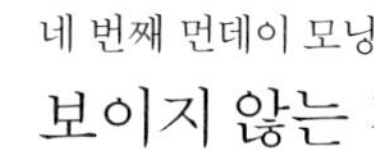

네 번째 먼데이 모닝 미팅

보이지 않는 것도 보이는 것만큼 중요하다

— 커뮤니케이션의 목표는 처음부터 제대로 하는 것! '미트볼 수술'의 개념을 이용할 것.

— 회의 준비 계획표

회의(또는 프레젠테이션)의 주제/목적 :

전체적인 목표 :

기대할 수 있는 결과 :

주요 이해당사자 :

회의 참석자 :

일정/스케줄 :

시간	누가	무엇을	왜	어떻게

미리 해야 될 작업 혹은 중요한 자료, 준비물 :

회의실 배치 :

설비 및 장비 :

문서 작성 방법(녹음기 또는 서기) :

기본원칙 :

－빙산의 일각 이론 : 커뮤니케이션의 효과를 높이기 위해서는 눈에 보이는 '전달력' 만큼 보이지 않는 '준비성' 도 중요한 비중을 차지한다. 효과적인 커뮤니케이션은 나로부터 시작되는 것!

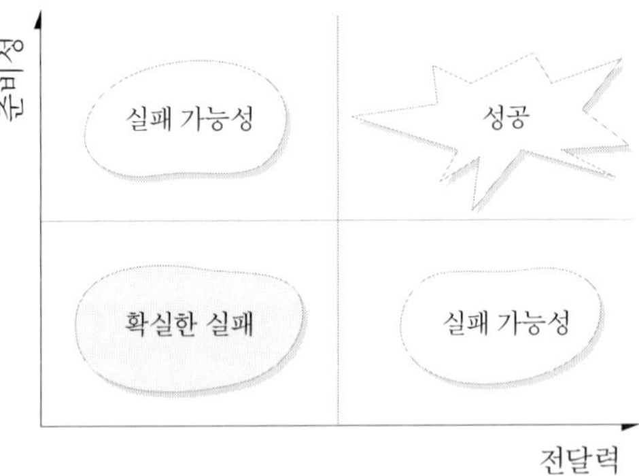

효과 = 준비성 + 전달력

THE FIFTH MONDAY

빨리 가고 싶다면 천천히 가라

다섯 번째 월요일은 유난히도 쾌청하고 아름다운 날이었다.

"오늘도 일찍 와주었군. 좋은 아침이야."

현관에 나와 있던 토니는 반가운 얼굴로 우리를 맞았다. "그렇잖아도 자네들이 이번 주에 앞두고 있는 중요한 일들을 어떻게 준비하고 있는지 몹시 듣고 싶었다네!"

"저희도 꼭 말씀드리고 싶었습니다." 내가 대답했다. "말씀 그대로, 우리가 이야기했던 '중요한 커뮤니케이션' 중에서도 정말 중요한 부분들을 많이 다뤄야 할 것 같아요.

그전에, 우선 인사과와 상사들과의 회의가 아주 성공적으로 끝났다는 말씀을 드리고 싶습니다. 커뮤니케이션에 대해 우리가 발견한 문제들과 해결목적, 실행계획에 대해 모두가 적극 찬성했습니다. 앞으로 진행과정과 개선상황을 꾸준히 보고하기로 했고, 필요할 경우에는 지원을 아끼지 않겠다고 약속하셨습니다.” 희망적인 목소리로 내가 말했다.

다음은 마이클의 차례였다. “지난주, 우리는 프로젝트 착수회의와 팀원들을 대상으로 한 그룹 인터뷰를 위한 계획표를 작성했습니다. 지난 수업 때 보여주신 도표를 이용했는데 덕분에 정말 철저한 준비를 할 수 있었어요. 쓰기 쉬우면서도 효과도 만점이었습니다.

음, 이제 제니가 우리가 지금까지 무엇을 어떻게 계획하고 있는지 알려드리기 위해 프로젝트 착수회의의 회의사항을 개략적으로 설명해드릴 겁니다. 하지만 그전에 한 가지 제가 꼭 말씀드리고 싶은 것은….” 마이클은 커피 한 모금을 마시고 말을 이었다.

“지금까지 제니와 저는 엉성하고 불확실한 커뮤니케이션을 개선해야겠다고 생각만 했어요. 그러나 이번 자료를 준비하면서 진짜 행동으로 옮길 수 있는 엄청난 기회를 얻었다는 사실을 실감하게 됐습니다. 동시에 우리가 이를 성공시키지 못한다면 커다란 위험에 직면하게 된다는 것도 알게 되었고요. 다시 말해 진심으로 조직 내의 커뮤니케이션을 개선시켜야겠다는 의지가 생겼고, 할 수 있는 한 총력을 기울여야 한다는 생각이 들었어요.

지난주 수업에서 배운 것처럼, 우리가 완벽할 필요는 없다고 생각해요. 하지만 절대적으로 분명한 사실은 우리가 이번 프로젝트에 최선의 노력을 다하고 있다는 것을 대외적으로 적극 표현하고, 계속 강조했던 것처럼 '처음부터 충분히 제대로' 해야 된다는 겁니다."

"내가 보기에 자네들은 중대한 프로젝트를 앞두고 약간의 두려움을 느끼고 있는 것 같은데…, 그렇지 않은가?" 토니가 이렇게 물었다. 우리는 말 없이 고개를 끄덕였다.

"사실 이건 내가 권해주고 싶은 유형의 두려움일세. '두려움'이란 말하자면 콜레스테롤과 같다네. 대부분의 사람들은 콜레스테롤이 나쁘다고만 알고 있지. 하지만 분명 우리에게 꼭 필요한 좋은 콜레스테롤도 있지. 이런 좋은 유형의 두려움은 내가 보기에 자네가 리더로서의 책임을 인식하고 있다는 좋은 표시야. 자네 팀도 곧 알게 되겠지. 그러니까 걱정하지 말고 기뻐하게! 두려움의 감정을 적절히 다룰 수 있다면 이는 분명 자네들을 성공으로 이끄는 원동력으로 발전할 테니까!"

"옳은 말씀인 것 같아요." 나는 천천히 입을 열었다. "선생님 말씀이 맞는 건 알겠어요. 하지만 앞으로 팀을 이끌고 나가야 할 기나긴 여정을 생각하니 솔직히 마음이 편치 않습니다."

"충분히 이해하네." 토니는 고개를 끄덕였다. "하지만 내가 약속할 수 있는 건 이렇게 긍정적인 종류의 두려움을 인지하는 법을 배우고, 눈에 보이지 않는 준비를 철저히 하여 효과적으로 사람들에게 전달하는 연습을 한다면 공포는 조금씩 줄어든다는 거야."

나는 조금 용기를 얻으며 말했다. "네, 알겠습니다. 이제 프로젝트 착수회의에 대해 설명 드리겠습니다. 이걸 보시면 우리의 계획을 쉽게 이해하실 수 있을 거예요." 나는 토니에게 종이 한 장을 건넸다.

회의계획		
회의주제	'중요한 커뮤니케이션' 개선 프로그램의 착수	
전체목표	조직 내의 커뮤니케이션 문제점 개선에 대한 계획을 팀 전체에 공고한다.	
시간	누가	무엇을
10:00	제니와 마이클	• 간단한 인사와 소개말 • 기본원칙을 알려주고 목적한 결과와 의제를 설명한다.
10:10	마이클	• 직원 만족도 설문조사의 결과를 설명

시간	담당	내용
		하고 커뮤니케이션 문제의 개선이 시급하다는 것을 알린다. • 직원 모두의 협력이 필요－인사과의 지원을 받고 두 팀으로 나눠서 진행.
10:20	제니	• 전체적인 프로젝트 구성과 스케줄을 공고한다. • 다음 단계의 계획소개 － 그룹 인터뷰 • 해결방안의 수립 • 이행
10:30	킴	• 팀 전원의 적극적인 참여가 중요하다는 것을 강조한다. • 마이클과 제니가 각각 상대팀의 그룹 인터뷰 진행을 맡을 것임. • 솔직한 의견이 필요함 － 비공개로 진행되길 원하는 사안에 대해서는 인사과 지원 가능.
10:40	모두	• 공개 질의응답 시간
10:50	제니와 마이클	• 요약 • 회의 평가서를 나눠주고 종료한다.
기본원칙	1. 휴대전화와 PDA 등은 무음으로 해둔다. 2. 회의의 진행내용과 시간은 회의일정에 따른다. 3. 토론할 가치가 있지만 오늘의 일정에 해당되지 않는 사안은 별도로 기재했다가 시간이 허락하는 한 회의가 끝	

> 나갈 무렵이나 별도의 시간에 협의한다.
> 4. 열정적이고 적극적인 참여가 필요하지만 개인적인 인
>   신공격은 금물. '조직을 위해'라는 말을 명심한다.

"회의의 마지막이 질의응답 시간이 아니라서 정말 다행일세." 토니는 반가운 기색을 감추지 않았다. "나 역시 이걸 깨닫기까지는 다소 시간이 걸렸지만, 단순한 질의응답에서 끝내지 말고 참석자들의 의지를 북돋워주면서 회의를 끝마치는 게 현명하지. 회의에 참석한 한두 명의 '요주의 인물'이 부정적인 말이나 적절치 않은 질문을 던진다면 잘돼가는 회의에 일순간 찬물을 끼얹는 일이나 마찬가지야. 되도록 긍정적인 면을 다시 한번 강조할 수 있는 별도의 요약시간을 만들게."

그러자 마이클이 질문을 했다. "방금 말씀하신 '요주의 인물'과 관련된 얘기인데요, 그렇잖아도 이걸 준비하면서 몇 가지 만일에 대비한 가상 시나리오를 만들어봤습니다.

예를 들어 '커뮤니케이션'에 대한 회의인데도 사안을 잘 구별하지 못하는 이들은 과다한 업무량이나 야근, 연봉인상 같은 직원 만족도 설문조사 중의 다른 항목에 대한 이야기를 하고 싶어 할 가능성이 있어요. 이렇게 회의의 기본원칙을 벗어나는 경우에 대해서도 대비하고 있어야겠죠."

"기본원칙 얘기가 나와서 말인데, 자네들이 세운 회의의 기본원칙을 보니 마침 요즘에 내가 불쾌하게 생각하고 있는 행동을 잘 지적해주었더군.

난 사실 나와 만나면서 동시에 휴대전화로 전화를 받거나 PDA로 이메일을 확인할 수 있다고 여기는 사람들이 굉장히 못마땅하다네. 그들 스스로는 동시에 여러 작업을 하고 있으니 굉장히 효율적이라고 여길지 모르겠네만, 따지고보면 두 가지 일 모두 제대로 하는 것이 아니라 남들의 절반 속도로 달리는 셈인데 말이야." 토니가 한숨을 쉬며 말했다.

"그렇다고 오해는 말게. 난 기술 혐오주의자는 아니니까. 나도 여러 가지 휴대용 기기를 가지고 다니며 출장을 가거나 회의가 시작되기 전 시간이 남을 때 인터넷에 접속해 이메일을 확인하니까 말이야. 하지만 누군가가 내게 얘기하고 있는데 그 앞에서 다른 사람에게 메시지를 보낸다는 건 정말 내 상식으로는 상상도 못할 일이라네."

"토니, 화제를 바꾸는 것 같아 죄송하지만 우리가 작성한 회의계획에 대해서는 어떻게 생각하시나요?" 마이클은 더 이상 궁금증을 참지 못하겠다는 표정이었다.

"말해 무엇 하겠나! 이번에도 더 이상 내가 추가할 게 없을 정도로 훌륭해! 할 말을 잃을 정도라니까. 아무래도 자네들이 어디선가 나 몰래 회의준비에 대한 비밀 수업을 받은 게 분명하다는 생각이 드는 걸? 내가 자네들에게 준 간단한 그 도표만으로 이렇게 훌륭한 결과물이 나왔다니 정말 대단하네." 토니는 눈을 가늘게 뜨며 웃음을 지었다.

"맞아요." 마이클이 순순히 실토했다. "사실 2, 3년쯤 전, 우리 둘 다 효과적인 회의에 관한 교육 프로그램을 이수했답니다. 하지만 지금까지 그때 배운 내용을 전혀 활용하지 못하고 있었죠. 사실 제니와 저는 이번을 계기로 회의준비 교육 프로그램을 '당장 실천' 항목에 포함시켜 팀원들을 훈련시키는 게 좋겠다는 생각을 했어요. 그리고 지난주에 저회에게 알려주신 회의, 프레젠테이션 준비도표도 팀원들과 공유하려 합니다."

마이클의 이야기가 끝나자 토니가 말을 꺼냈다. "자네들이 말하는 '당장 실천' 항목에 관련해서 말인데, 물론 그룹 인터뷰를 통해 팀원들이 시급하게 느끼는 'TOP10' 항목을 정할 계획이라는 건 알고 있네만, 자네들이 생각하기에 꼭 수정해야 할 몇 가지 항목을 미리 꼽아본다면 큰 도움이 될 걸세. 그리고 자네들이 뽑은 목록들을 가지고 그룹 인터뷰에 임한다면 시급한 문제점들을 보다 쉽게 판단할 수 있겠지.

물론 자네들은 어디까지나 공정하고 열린 마음으로 인터뷰를 진행하고 팀원들의 의견을 경청해야 하네. 한 가지 팁을 알러주자면, 이런 경우 나는 '형사 콜롬보*Colombo*' 화법을 즐겨 쓴다네. 자네들도 TV 드라마의 주인공 '형사 콜롬보'는 잘 알고 있지?

이는 쉽게 말해 자기를 낮춰 정보를 얻어내는 겸손한 접근방식일세. 이때 분명히 알아둘 것은 자네는 그저 몇 가지 단서만 갖고 있을 뿐, 아직 정확한 건 잘 모른다는 인상을 남겨야 해. 예를 들어 콜롬보 형사라면 '부인, 몇 가지 분명치 않은 점이 있어서 그러는데 말이죠, 이 부분에 대해 어떻게 생각하시는지요?' 이런 식으로 말하겠지."

"그것 참 괜찮은데요?" 마이클은 활짝 웃었다. "아, 그리고 팀원들의 교육 프로그램에 대해 좀더 말씀드리자면, 저는 우선 비즈니스 서류 작성법에 대한 교육이 꼭 필요하다고 생각됩니다. 우리가 배웠던 '필수 질문 항목'을 이용해 회사에서 일어나는 모든 종류의 '중요한 커뮤니케이션'의 목표를 구체화시키는 방법도 꼭 필요하고요."

"좋은 아이디어일세." 토니는 우리 모두가 볼 수 있도록 노트 한 장을 찢어 테이블 위에 놓았다. "그 밖에 '당장 실천' 항목으로 또 뭐가 있겠나? 여기에 하나하나 적어보도록 하자고."

"제 경험에 비추어보면, 교육 프로그램에서 배운 내용을 실제 업무에 접목시키도록 도와주는 후속 점검 작업도 필요할 것 같습니다." 내가 제안했다.

"맞습니다, 저도 같은 의견이에요. 그리고 이건 어떤가요? 우리 모두가 다른 사람들과 커뮤니케이션을 할 때 좀더 신중히 주의를 기울여야 한다고 생각합니다. 그간 우리의 커뮤니케이션에 문제가 많았던 건 항상 충분한 시간을 들여 준비하지 않았기 때문인 것 같아요. 만약 팀원들이 여유를 가지고 조금만 더 속도를 늦춰서 스스로 뭘 말하고자 하는지 주의를 기울였다면, 커뮤니케이션이 이렇게 혼란스러워지지는 않았을 겁니다. 그런 의미에서 커뮤니케이션 전에 명심해야 할 몇 가지 지침을 정해두면 미리 다음과 같은 실수를 방지할 수 있을 거라는 생각이 듭니다." 마이클이 말했다.

효과적인 커뮤니케이션을 위한 지침

▶ 핵심정보나 자료가 누락됐는가? 또는 편파적인 내용인가?

▶ 정확한 의미전달에 방해가 되는 오타, 잘못된 문법, 구문 상의 오류가 있는가?

▶ 의미가 명확하지 않은 단어, 첫 사용시 단어의 전체를 표기하지 않은 약어가 사용됐는가?

"오, 이렇게 지침을 만든 건 아주 훌륭한 생각일세." 토니가 미소를 지으며 말했다. "그런데 자네들, '오사고'에 대해서는 어떻게 생각하나?"

잠시 동안 침묵이 흐른 후 나는 주저하면서 입을 열었다.

"글쎄요, 웬만한 최신 단어는 다 안다고 자부하고 있었는데, '오사고'라는 말은 처음 듣는 걸요."

"자네 같은 우등생도 모르는 말이 다 있구먼!" 토니는 즐거운 듯 농담을 던졌다. "'오사고'란 '오타'와 비슷한 개념인데, 오타처럼 단순한 실수라기보다는 메시지를 작성할 때 논리나 사실과 관련해서 일어날 수 있는 오류를 가리키는 말일세. 한 마디로 잘못 생각한 거지. 주로 시간이 부족하거나 피로한 상태일 때 그런 오류가 일어나곤 하지만, 단순한 부주의 때문에 일어나기도 하지."

"아, 무슨 말인지 알겠어요." 마이클이 곧바로 말을 받았다. "전 그런 종류의 실수를 제 나름대로 '정신의 가출'이라고 불렀는데, '오사고'라는 말이 더 마음에 드는 걸요."

토니는 빙그레 웃었다. "명칭이 뭐 중요하겠나. 안타까운 건 빌 게이츠*Bill Gates* 같은 천재가 문서 프로그램을 개발할 때 오타를 검사할 수 있는 기능만 만들고 잘못된 사고를 검사할 수 있는 기능까지는 만들지 못했다는 거지."

"더 안타까운 건, 만들어놓은 맞춤법 검사기능조차도 바쁘다는 핑계로 제대로 쓰지 않는 사람들이 있다는 거죠. 도대체 무슨 말인지 알 수 없는 오자투성이의 이메일을 받으면 한숨부터 나오죠." 마이클이 덧붙였다. "오타 몇 개에다 오사고, 여기에 문법상 오류까지 더해지면 수수께끼처럼 난해한 메시지가 되는 건 시간문제인데 말입니다."

그 말을 듣자 토니는 세계 자동차 경주 대회를 세 차례나 석권한 잭키 스튜어트*Jackie Stewart*가 남긴 명언이 떠올랐다고 말했다. "잭키가 이런 말을 한 적이 있지, '빨리 가고 싶으면 천천히 가라.' 새겨볼수록 참 맞는 말이라는 생각이 드네.

익숙하지 않은 트랙에서 전속력으로 질주할 때, 남들을 앞서려고 처음부터 최고 속도로 달리다가는 십중팔구 충돌하게 되지. 잭키의 노하우는 처음엔 트랙을 익히기 위해 천천히 달리는 것이었네. 일단 처음엔 천천히 달리다가 두 번째부터 트랙을 돌 때는 점점 속력을 내는 방법을 써서 결국 세계기록을 몇 번이나 갱신할 수 있었던 걸세."

"빨리 가고 싶으면 천천히 가라. 이거라면 우리 가이드라인의 멋진 표제가 될 수 있을 것 같은데요." 나는 들뜬 목소리로 말을 이었다. "이 말도 기록해놓죠."

다시 토니가 물었다. "자, 그 밖에는 또 뭐가 있을 것 같나? 메시지를 전달할 때 적절한 매체를 선택할 것, 이건 어떤가?"

"좋습니다. 이것도 지침에 추가해야겠어요. 굉장히 쉬운 일인 것 같지만, 너무 서두르다보면 메시지를 전달할 때 잘못된 수단을 사용하는 경우가 종종 있거든요." 내가 말했다.

"그렇지." 토니가 내 의견에 동의했다. "때론 커뮤니케이션에 적극적인 의지를 가진 이들조차도 몇몇 사람들이 비효율적인 커뮤니케이션 수단을 선택하면 짜증을 내기 마련이지."

나는 토니의 말을 이었다. "그런 예는 꽤 많은 것 같습니다. 제가 선생님과 점심회의 약속을 잡는 경우를 가정해볼까요? 만약 이메일을 선택한다면 모이는 날짜, 시각, 장소를 결정하기까지 아마 대여섯 번의 메시지가 왔다갔다 할 테지만, 전화로는 한 통이면 되죠. 사안에 따라 분명 적합한 수단을 선택해야 합니다."

"맞는 지적이야. 그러고 보니 여기 해당되는 또 한 가지 심각한 문제가 생각났군. 난 이걸 '고약한 이메일 업무평가' 라고 부른다네. 생각이 짧은 누군가가 다른 사람에 대한 부정적 평가를 알리려고 할 때, 그 사람과 직접 대면하지 않고 대충 이메일로 얘기해버리는 실수를 말하지. 더군다나 그 메시지가 정확한 사실을 바탕으로 한 게 아니거나 결론에 대해 오해의 소지가 있을 경우, 사소한 작은 메시지가 순식간에 치열한 전쟁으로 이어지고 말지!" 토니가 이렇게 말했다.

"세상에, 그렇게 많은 노력을 들이지 않은 것 같은데도 우리가 당장 실천할 수 있는 것들이 꽤 여러 개 나왔군요." 나는 지금까지 한 이야기를 돌이켜보고 이렇게 말했다.

"마지막으로 꼭 기억하게나. 자네들은 어디까지나 팀원들의 관점에서 커뮤니케이션 문제를 생각해야 하네. 문제점에 대한 대충의 감을 잡았다고, 자네들의 관점으로 그걸 고집해서는 안 된다는 말일세."

우리가 고개를 끄덕이자 토니는 계속해서 말했다. "그러니 오늘 우리들이 만든 건 자네들이 당분간만 지니고 있을 '잠정' 목록이라고 보는 게 맞을 걸세."

우리의 잠정 목록은 다음과 같았다.

'중요한 커뮤니케이션'을 위한 잠정적인 '당장 실천' 항목

교육
—효과적인 회의준비법
—비즈니스 작문

'빨리 가고 싶다면 천천히 가라' 지침
— '필수 질문 항목' 을 사용한다.
—완벽한 메시지를 만들도록 꼼꼼히 준비한다.
—오타, 오사고, 문법적인 오류가 없도록 주의한다.
—용어, 약어 사용시 그에 대한 정의를 내려준다.

최선의 매체를 선택할 것

—상호 간의 메시지 교환이나 즉각적인 결론이 필요할 경우 전화를 하거나 직접 만난다.

—상호 간의 메시지 교환이 필요하고 다수의 사람이 관련된 경우 회의를 한다.

—이메일은 다양한 상황에서 효과적으로 사용되는 매체지만 민감한 사안이나 감정적 문제가 개입되어 있는 경우에는 적절치 않다.

"자, 이제 과제얘기를 할 차례가 된 것 같군." 토니는 눈을 찡긋하며 웃었다. "자네들, 다음주 수요일에 프로젝트의 첫 번째 회의와 그룹 인터뷰가 잡혀 있지 않은가? 그러니 다음 월요일에 올 때는 이를 위한 수정된 실행계획을 가져오는 게 어떨까 싶네."

"네, 알겠습니다."

자리에서 일어나며 마이클이 콜롬보 형사와 똑같은 표정으로 대답을 대신하자, 토니와 마이클, 나까지 모두 웃음을 터뜨렸다. 여전히 웃음이 사라지지 않은 얼굴로 토니의 집을 나서면서, 나는 오늘도 역시 성공적인 수업이었다는 생각이 들었다.

그날 오후, 나는 노트를 펼쳐 우리 셋이 함께 생각한 내용과 내가 따로 쓴 메모를 함께 정리했다.

빨리 가고 싶다면 천천히 가라

- '두려움'을 최대한 긍정적으로 활용하라.

- 효과적인 회의 계획과 준비가 무엇보다 중요하다. 예행연습도 잊지 말 것.

- 프로젝트 기간 동안 말과 행동을 일치시킨다.

- '당장 실천' 항목의 사안들은 팀 전체가 동의하는 것이어야 한다.

- '형사 콜롬보' 화법으로 일단 부드러운 분위기를 형성한 후 의견을 경청한다.

- 빨리 가고 싶다면 천천히 가라!

THE SIXTH MONDAY
남에게 피해를 끼치지 말라

새벽부터 비가 억수처럼 쏟아진 월요일이었다. 그러나 우리가 토니의 집 마당에 차를 댈 무렵, 비가 멎더니 구름 사이로 찬란한 햇빛이 비쳤다.

"어서들 오게." 토니는 따뜻하게 웃으며 우리를 맞았다. "비 갠 직후의 공기가 정말 싱그럽지 않은가?"

우리는 여느 때처럼 커피잔을 들고 서재에 마련된 각자의 자리에 편안히 앉았다. 나는 지난주에 있었던 프로젝트 착수회의에 대한 얘기를 꺼냈다.

"우선 이번 회의를 훌륭히 준비할 수 있도록 도와주셔서 정말 고맙다는 말씀을 드리고 싶습니다. 팀원들이나 상사 모두에게 서 높은 평가와 긍정적인 피드백을 받았거든요.

돌이켜보니 회의준비는 생각보다 훨씬 간단한 작업이었습니 다. 앞으로는 이런 준비단계를 거치지 않고서 회의를 할 수 없 을 것 같아요. 효과와 팀원들의 만족도에 있어 저희가 들인 노 력을 상쇄하고도 남는 좋은 결과를 얻었으니 말이죠. 게다가 회 의에 대한 스트레스도 훨씬 줄일 수 있었고요."

"그 말을 들으니 참으로 기쁘네. 눈에 보이지 않는 사전작업 이 회의장에서 눈부신 결과로 드러난다는 점이 정말 놀랍지 않 은가?" 토니가 말을 이었다. "혹시 예측하지 못한 의외의 일은 일어나지 않았나?"

"있긴 했지만 다행히 모두 기분 좋은 것들이었죠." 마이클이 자랑스럽게 말했다. "보통 때라면 회의 내내 무관심으로 일관 했을 제 팀원들이 아주 유익한 질문만 했답니다."

"저희 팀원 중에서도 매사에 시큰둥한 친구가 하나 있는데, 이번 회의가 끝난 후 제게 다가 오더니 글쎄 이러더군요. 이번 커뮤니케이션 개선 프로젝트는 우리에게 정말 필요한 일이었 고, 마이클과 제가 올바른 결정을 내렸다고 생각한다고 말이 죠." 내가 덧붙였다.

마이클이 다시 설명했다. "회의 이후에 얻은 간접적인 피드백 역시 긍정적인 것들이었습니다. 그룹 인터뷰도 마찬가지였죠. 팀원들의 평가와 그들이 갖고 있는 개별적인 의견 모두 좋았습니다.

특히 제니와 제가 우리 팀이 아닌 상대 팀의 인터뷰를 진행하기로 한 아이디어는 아주 성공적이었습니다. 그중 몇 명은 직속 상사 앞에서라면 하기 힘들었을 만한 얘기도 상당히 솔직하게 해주더군요."

"훌륭하네." 토니는 만족스러운 미소를 지으며 말했다. "만약 이 자리에 내가 잘 아는 품질관리 전문가가 있었다면 이렇게 얘기하지 않았을까 싶네. '내가 예상한 바 그대로입니다!' 자네들이 노력을 기울여 회의계획을 뛰어난 품질의 것으로 만들었고, 그 고품질의 계획을 수행했으니 이보다 더 좋을 수 있겠나?

자 그건 그렇고, 뭘 새롭게 알게 됐나? 지난주 수업시간에 자네들은 여러 가지 관점으로 '당장 실천' 목록을 작성했지. 하지만 이번 회의석상에서 새로운 이야기들이 꽤 나왔을 거라고 보는데 말일세. '중요한 커뮤니케이션'의 실천항목에 어떤것들이 새롭게 추가되었는지 궁금하군."

내가 먼저 이야기를 시작했다. "우선 저희가 지난주에 생각한 문제점들은 대부분 팀원들의 생각과 일치하는 것이었어요. 팀원들이 갖고 있는 다양한 시각으로 보다 많은 예와 자세한 정보를 얻을 수 있었고, 우리가 중요하다고 생각한 문제에 대해서 팀원들도 마찬가지로 중요성을 인식하고 있다는 것을 느꼈어요.

그 밖에 여러 이유가 합쳐진 복잡한 문제점들을 발견하고, 우리가 바로 대처할 수 있는 방법에 대한 이야기도 했습니다. 단기적인 실행계획으로는 바로 수정할 수 없는 골칫덩이 문제점들을 지적하는 사람도 있었죠. 하지만 골칫덩이 중에는 절대 그냥 넘어갈 수 없는 중대한 문제들도 분명히 있었습니다. 앞으로 이 부분을 어떻게 풀어 나가면 좋을지 선생님의 조언이 꼭 필요해요.

그리고 이날 알게 된 문제들을 자세히 파악하기 위해, 우리는 그룹 인터뷰 결과를 몇 가지 카테고리로 분류해봤어요. 각 카테고리에 대해 누구나 이해하기 쉽도록 추가적인 설명도 함께 써 넣었고요. 이를테면 해당문제를 개선하기 위해 어떤 조치가 필요한지 우리의 생각을 적은 거죠. 그 옆에는 우리에게 꼭 필요한 빠른 해결과 성공을 위해 즉시 실행할 수 있는 아이디어를 추가했습니다.

여기 있는 내용을 시시콜콜 다 설명드리지는 않겠습니다. 다만 해결책을 만들어내기에 충분한 자료들을 확보하게 되었다는 것만 말씀드리죠." 나는 커피를 마시고 이야기를 계속했다.

"이제 우리가 나눈 문제 카테고리를 설명할게요. 우선 첫번째 문제 카테고리를 말씀드릴게요. 우리는 이걸 '분량의 문제'라고 이름 붙였죠. 많은 팀원들이 근본적인 문제로 심각하게 지적한 부분인데, 한 마디로 **이메일과 인스턴트 메신저의 양이 너무나 많다**는 것이었어요.

이를 해결하기 위해서 우선 우리가 지난주에 만든 '당장 실천' 항목의 몇 가지 아이디어가 이 문제를 해결해줄 거라는 생각이 듭니다. 그리고 이번 회의에서 스팸메일 차단 프로그램과 사내 예의범절에 관련된 유익한 제안들도 나왔어요. 예를 들어 '고맙습니다' 와 '천만에요' 가 내용의 전부인 이메일은 과감히 생략하는 지침만으로도 아마 1년에 수백 건의 이메일을 줄일 수 있을 겁니다. 이런 것들을 잘 활용하면 상황을 개선시킬 수 있을 거예요."

"제니와 저는 이메일과 인스턴트 메신저의 문제가 어느 정도 해결될 수 있을 때까지 전체적인 메시지의 양을 체크하고 수치가 어떻게 변화하는지 주의를 기울여야 한다고 생각합니다. 이렇게 모아 놓은 자료는 나중에 또 다른 후속 방안이 필요하다고 판단될 경우 근거 데이터로 사용될 수 있을 겁니다." 마이클이 설명했다.

"무슨 말인지 잘 알겠네." 토니가 말했다. "어느 정도 예상했던 행동이긴 하지만 자네들이 직접 메시지의 양을 측정하기로 했다니 참 잘한 일일세.

또 한 가지, 자네 팀원들의 '너무나 많다' 라는 표현이 뭘 의미하는지 보다 자세히 살펴보면 흥미로운 결과를 얻을 것 같군. '너무나 많다' 라는 말 뒤에 숨은 의미는 **'너무나 많은 불분명한 메시지'**가 아닐까라는 생각이 드는데 말이지. 그렇다면 그건 분량의 문제가 아닌 셈이야. 자네가 작성한 여러 가지 지침은 그런 면에서 분명 도움이 될 거라고 보네."

"생각해보니 **'너무나 많은 감정적인 메시지'**라는 의미가 포함되어 있을 수도 있겠군요. 동료들이 생각 없이 너무나 대충 보낸 메시지 때문에 어려움을 호소한 팀원들이 있었거든요. 자세한 이야기를 들어보니 그야말로 서부극에 나오는 총격전 같더라고요. 거의 다툼에 가까웠어요." 마이클이 지적했다.

"햇필드*Hatfields* 가와 맥코이*McCoys* 가의 싸움에 대해 들어본 적 있으세요? 19세기 미국 서부시대에 있었던 유명한 분쟁인데, 멧돼지 한 마리를 놓고 싸움을 벌이기 시작해 이 두 가문은 12년 동안 철천지원수처럼 지내게 된다는 실화처럼 말이에요." 내가 거들었다. "실제로 제 팀원 중 하나가 가져온 이메일들을 보니 마치 《전쟁과 평화》의 한 장면을 그래도 옮겨놓은 것처럼 보일 정도였어요. 소설과 다른 점이라면 그 사람들 사이에는 아직 평화가 오지 않았다는 점이었죠."

"흠." 토니는 신중히 말했다. "이런 문제는 단순히 참고할 점들을 일러주는 지침만으로는 해결되기 힘든 영역이라네. 동료 간의 갈등을 해결하는 방법, 어떻게 하면 감정적인 전쟁을 그치고 평화협정을 수립하여 꾸준히 유지할 수 있는지 알려주는 간단한 대인관계 프로그램을 실시하는 것이 도움이 될 거야.

대인관계 프로그램이란 그리 거창한 것이 아니야. 회의에서 15분 정도면 기본적인 기술들을 다룰 수 있을 걸세. 물론 걷잡을 수 없을 정도로 상황이 악화된 경우에는 자네들이 직접 중재에 나서야겠지만, 가능하다면 당사자들끼리 점잖게 분쟁을 해결하거나, 혹은 최소한 양식 있는 태도로 커뮤니케이션 하는 방법을 배우는 게 좋겠지.

만약 내가 어떤 이유로 자네에게 화가 났다고 해도, 노골적인 단어가 잔뜩 들어 있는 이메일을 보내 그 감정을 다 드러낼 필요는 없다는 걸세. 조직 내에서의 비즈니스 커뮤니케이션은 어디까지나 공적인 영역이니까 말이야. 특히나 부정적인 측면에서 사적인 감정은 자제해야 한다는 것을 일러주도록 하게.”

“그것도 목록에 추가해야겠어요.” 노트를 앞으로 끌어당기며 나는 말했다.

그리고 마이클이 입을 열었다. “그리고 다음 카테고리의 문제들은 전혀 의외의 지적은 아니었어요. 흥미로우면서도 우리가 해결할 수 있는 문제점에 관한 것이었습니다. 팀원들은 회의를 준비하고 진행하는 과정을 힘들어했어요. 이 부분은 교육 프로그램을 통해 개선할 수 있지만, 교육만으로 해결되지 않는 기술적인 고민도 털어놓았습니다.

제니와 저는 관리자급이니까 그간 회의장소를 확보하는 데 별 어려움을 느끼지 않았지만, 팀원들의 경우는 그렇지 않더군요. 결론적으로 말해 우리는 회의실 예약 시스템을 개선해야 할 필요가 있습니다. 한편 회의가 시작되면 곧바로 진짜 회의에 들어갈 수 있도록 회의실이 잘 관리되었으면 한다는 의견도 있었어요. 종이나 펜 등 사소한 준비물이 떨어지거나 프로젝터가 제대로 작동되지 않아 시간을 낭비하지 않도록 말입니다."

"옳은 말일세." 토니가 고개를 끄덕였다. "이렇게 우리가 이미 익숙해졌다는 이유로 문제의 심각성을 인식하지 못하는 경우가 종종 있다네."

"다음 카테고리는 최근 급속히 변화하는 기업환경을 반영하는 것이라 할 수 있습니다." 마이클이 지적했다. "최근 5년 동안 저희 회사에서는 사내 인트라넷이 주된 정보창구로 사용되고 있습니다. 예전에는 종이로 된 보고서나 메모 형태로 공유하던 것을 이젠 인터넷이나 사내 인트라넷에 접속해서 게시판을 열람하는 것만으로 누구나 볼 수 있게 된 거죠.

요즘 회사에서 누군가에게 자료를 요청했을 때 주로 듣게 되는 대답은 '웹에 올려놓았으니 참조하시기 바랍니다'랍니다. 물론 그건 다들 알고 있죠. 그런데도 그 사람에게 묻는 건 스스로 찾을 수 없었기 때문이에요. 공유된 네트워크를 사용하는 경우 누군가의 폴더를 몇 번이나 클릭해서 하위 폴더로 들어가야 찾을 수 있으니 말입니다."

"나도 그런 어려움을 종종 겪는다네. 문서 하나를 찾는 데 시간이 꽤 걸리는 경우가 있어." 토니는 고개를 끄덕였다. "하지만 나 같은 경우 대부분의 정보를 내가 관리하고 있으니 누군가를 탓할 처지가 아니지. 그럼, 자네들은 그 문제를 어떻게 처리하려고 하나?"

"운이 좋았어요." 내가 미소를 지으며 대답했다. "문제를 해결할 수 있는 소그룹을 조직했거든요. 게다가 그중에 많은 이들이 사내 인트라넷을 처음 개발할 때 참여했던 사람들이라서 문제점을 개선해야 한다는 책임감을 갖고 있었죠. 적극적으로 수정하겠다고 했답니다. 가장 첫 단계로 사내 인트라넷의 초기 화면에 '건의함'을 만들어 불편사항이나 개선을 위한 아이디어를 모을 계획이라고 들었습니다."

나를 뒤이어 마이클이 설명했다. "또 과다한 업무량에 대한 문제를 별도의 카테고리로 빼느냐에 대해서 다소 논란이 있었어요. 어떻게 보면 시간과 업무량은 '분량의 문제' 카테고리와 밀접히 연관돼 있으니 말이죠. 하지만 이 문제에는 어쩌면 전혀 다른 원인이 있을 수 있다는 생각을 하게 되었고, 그래서 이 문제를 따로 분류하기로 했습니다.

따라서 이 카테고리의 경우 부서를 각각 구분지어 살펴보려 합니다. 실제로 업무분량을 조정해야 하는 문제일 수도 있고, 아니면 시간 관리 교육이 필요한 일부 직원들만의 문제일 수도 있어요.”

“이 사안을 별도로 보기로 한 결정에는 나도 찬성일세.” 토니가 말했다. “커뮤니케이션이 업무량에서 차지하는 비중은 일부에 불과하니, 이 문제는 실제 업무의 관점에서 관리자와 직원이 함께 점검해봐야 한다네.”

“그리고 우리가 예상했던 대로 전화에 관련된 이야기들도 나왔어요. 쓸데없이 길고 장황한 전화, ‘전화 주십시오’라고 말하면서 정작 출처가 불분명한 메모, 신속히 이루어지지 않는 답변 전화 등 모두 평소에 거론되어 온 문제점들이었습니다.” 내가 말했다.

잠시 후 토니가 말했다. “자네 말대로 전형적인 문제로군. 하지만 이건 의외로 심각한 문제일 수 있네. **많은 경우 전화에 관련된 이슈들은 상대방에 대한 인격적인 존중과 신뢰 같은 중대한 문제를 동반하는 경우가 있거든.**

예를 들어보겠네. 만약 내가 자네나 자네의 의견을 존중하지 않는다면, 자네에게 답신전화를 할 때 아무래도 능장을 부리기 쉽겠지. 이 문제 역시 팀원들과 회의를 하면서 적어도 어느 선까지는 개선할 수 있다고 보네. 이런 과정들을 진행하다보면 해결해야 할 좀더 근원적인 문제점이 보이게 될 걸세."

그리고 내가 설명했다. "마지막으로 살펴볼 두 가지 문제들은 함께 묶는 것이 좋다고 생각했는데요, 그 원인과 해법 역시 우리 부서의 외부에 있을 가능성이 있기 때문입니다.

첫번째에는 '**신뢰의 문제**'라는 명칭을 붙여봤어요. 우리 팀원들을 인터뷰하던 중 우리 팀원들이 일부 타 부서 직원들을 심각할 정도로 신뢰할 수 없다는 이야기를 했는데, 이들 가운데는 남들이 모르는 극비의 전략을 쓴다거나 심한 경우 자기 소관 밖의 일을 캐내기 위해 '스파이' 전법까지 구사하는 경우가 있었습니다.

다음 두번째의 경우 '**전략·전술의 문제**'예요. 이는 회사 전체를 통틀어서 여러 부서의 업무가 종종 중복되는 것 같다는 팀원들의 지적을 반영한 것이지요. 이렇게 부서 간에 정보의 공유가 되지 않고 연계가 되지 않기 때문에 업무나 커뮤니케이션이 혼란스럽고 충돌이 일어나는 것 같습니다."

"하지만 이 상황을 해결하기 위해 다른 부서의 협조를 요청하기 전, 우리는 우리 스스로 할 수 있는 모든 노력을 다 해볼 작정입니다.

우선 내일 오후 상사들과 회의를 할 예정이에요. 팀원들을 대상으로 했던 그룹 인터뷰 결과를 보고하고 앞으로의 계획에 대한 전체적인 설명, 그리고 좀 전에 말씀드린 민감한 사안에 대해서도 간략히 언급하려 합니다. 인사과의 킴도 참석할 예정이에요. 그녀를 통해 인사부의 시각에서 뿐만 아니라 타 부서와 연관된 까다로운 문제에 대처할 수 있는 방법에 대해서도 도움을 받으려고 합니다." 마이클이 덧붙였다.

커피 한 모금을 마신 후 토니가 말했다. "자네들이 처한 상황을 듣다 보니 고대 그리스의 의학자인 히포크라테스*Hippocrates*가 말한 어떤 어구가 떠오르는군. 'Primim non nocere' 라고 알고 있나? **'무엇보다도 남에게 피해를 끼치지 말라'**는 뜻이지. 커뮤니케이션을 할 때도 남에게 피해를 끼치지 않도록 만전을 기하고, 문제를 해결할 때도 **일단 자네들 선에서 할 수 있는 일이라면 무엇이든 최선을 다해 노력해봐.**

나는 자네들이 파악한 커뮤니케이션 문제를 해결하기 위해 가능한 한 신중히 대처해나가길 강조하겠네. 소극적으로 하라는 말이 아닐세. 이건 어디까지나 조직을 위해 해결해야 할 정당한 사안이니까 말이지. 하지만 최대한 조심스러워야 한다는 얘기지."

마이클과 나는 깊은 생각에 잠겼다. 잠시 후 토니가 말을 이었다.

"내가 자네들에게 자세한 조언을 할 만큼 자네들 회사의 정세를 잘 아는 것은 아니지만, 자네들이 거론한 신뢰와 전략에 관한 문제에 대해 상사와 이야기를 나눌 때는 각별한 주의를 기울여야 해. 자네들 스스로 문제를 해결하려는 노력 없이 그저 상사 탓을 하거나 짐을 떠넘긴다는 인상을 주지 말아야지. 중간 관리자로서 상부에 보고를 하기 전에 할 수 있고, 또 해야 하는 일이 있는 법이라네.

신뢰의 문제에 있어서는 당사자들 간의 직접 대면이 도움이 될 거야. 격식을 차릴 필요는 없지만 문제를 해결하겠다는 진지한 의지가 있어야겠지. 그리고 사소한 분쟁을 조정하는 데 사용하는 기법이라면 이 경우에도 효과적일 걸세.

타 부서뿐만 아니라 동료들 간의 관계에 어려움이 있는 팀원들이 있다면 먼저 다가가서 이야기를 해보라고 독려하게. 이메일이나 전화로만 문제를 해결하려고 하지 말고 더 적극적으로 나가보라고 말이야. 점심식사를 같이 하며 가벼운 회의를 한다거나 휴식시간에 커피를 함께 마셔도 좋고, 아니면 퇴근할 때 상대방의 자리에 잠깐 들르는 것도 좋지. 서로 얼굴을 보고 대화하는 것만으로도 문제의 상당 부분이 사라지곤 한다네. 놀라운 일이지!

그렇게 해서도 사라지지 않는 문제라면 자네들이 직접 사안별로 살펴봐야 할 걸세. 다른 외부의 이유들이 복잡하게 얽혀 있는 경우, 관리자들이 개인적으로 깊이 관여해야 할 수도 있어. 그렇게 노력을 다한 후에도 개선이 안 된다면 그때서야 상부에 보고할 수 있는 거지."

"저도 동감입니다." 나는 말했다. "우리 선에서 해결할 수 있는 사안인데 괜히 상부에까지 보고해서 문제를 더 크게 만들 필요는 없으니까요."

토니는 고개를 끄덕이며 말을 이었다. "전략·전술의 문제를 개선할 수 있는 또 하나의 대처방법을 일러주겠네. 이 방법을 사용하면 최소한 자네가 아랫사람의 이야기에 귀를 기울이는 리더라는 것을 자네 팀에게 인식시켜줄 수 있을 거야.

자네와 자네 팀원들이 일전에 업무협조에 문제가 있다고 이야기한 타 부서의 사람들과 직접 만나 회의를 여는 거야. 회의 주제는 '부서 간 커뮤니케이션 개선'으로 하되, 보다 나은 커뮤니케이션 방법 뿐만 아니라 부서 간의 업무방침 및 절차상 혼선이 생길 수 있는 영역을 가려내도록 회의의 의제를 구성하는 거지.

회의가 긍정적으로 끝난다면 두 부서 사이의 업무조정과 협업이 자연스럽게 뒤따르게 되지. 결과적으로 업무를 하는 데 협동심도 생기고 자네 팀원들도 그 부서와 일하기 한결 수월해질 걸세. 만약 이 방법도 효과가 없다면, 마지막 수단으로 상사에게 중재를 부탁할 수 있지."

"휴우." 마이클은 안도의 한숨을 내쉬었다. "선생님의 도움으로 또 하나의 지뢰밭을 피해 갈 수 있게 되었습니다."

"정말 맞는 말씀이세요, 토니. 저도 동감합니다." 나도 고개를 끄덕였다. "다시 한 번 말씀드리지만 선생님의 조언이 없었다면 도저히 여기까지 올 수 없었을 거예요!"

"그렇게 말해주니 나로서는 정말 영광일세." 토니는 고개를 미소를 지으며 고개를 숙였다. "하지만 잊지 말게. 자네들은 내게 전혀 빚진 게 없다는 것을. 우리가 처음에 약속한 것을 잊지 않았겠지? 먼데이 모닝 미팅을 통해 배운 것을 다른 이들에게도 전하기로 한 것 말일세. 자네들이 오늘 이야기한 것을 꾸준히 실천하여 다른 사람들에게 전해주면 돼.

그러고 보니 우리가 정한 또 하나의 약속은 정시에 마치는 것이었지? 그러자면 신속히 마쳐야 할 두 가지 일이 있다네."

"제가 맞춰볼게요." 내가 재빨리 말했다. "첫번째 해야 할 일은 혹시 중요한 것이 빠지지 않았는지 우리가 만든 목록 내용을 다시 한 번 점검하는 것 아닌가요?"

"이런, 자네들 이제 나를 완전히 파악했군!" 토니는 웃음을 터뜨렸다.

이날 우리가 수업시간에 작성한 목록은 이랬다.

'중요한 커뮤니케이션'에 대한 잠정적인 '당장 실천' 항목

- 이메일
  - 사내 예의범절 지침을 정한다.
  - 보다 효과적인 스팸메일 차단 프로그램을 사용한다.
  - 위의 방법이 효과적인지 확인하기 위해 이메일의 분량을 추적할 것.
- 비공식적인 대인관계 프로그램을 실시한다.
- 회의
  - 회의실 예약 시스템을 개선한다.
  - 비치된 기자재가 제대로 작동하도록 관리한다.
- 사내 인트라넷
  - 시스템을 개선하기 위해 지원팀을 조성, 관리한다.

기타 대처안

- 커뮤니케이션을 할 때 남에게 피해를 끼치지 말라.
- 업무량 조정 : 개인별로, 부서별로 살펴볼 것
- 신뢰의 문제 : 일단 팀원별로 개인적인 해결을 장려한다. 개인 선에서 해결이 불가능할 경우 관리자가 중재한다.
- 전략적 연계 : 부서 간의 업무협조를 개선하기 위해 해당 부서를 모아 회의를 소집한다.

"마지막으로, 이번 한 주 동안 자네들이 할 과제를 알려주는 걸로 미팅을 끝내도록 하지." 토니가 말했다. "자네들의 '당장 실천' 목록에는 '중요한 커뮤니케이션을 위한 지침'이 포함되어 있지. 그렇다면 다음주에 올 때 그 지침을 다시 정리해오는 게 어떤가? 다음주 수업시간 동안 그걸 함께 다듬어볼 수 있도록 말일세."

나는 곧장 대답했다. "완벽합니다! 그것이야말로 우리가 시급히 해야 할 일이었거든요."

"오늘도 멋진 하루가 될 것 같은데요." 마이클이 활짝 미소를 지었다. 우리 셋이 현관문을 열고 나섰을 때, 어느새 하늘은 구름 한 점 없이 깨끗하게 변해 있었다.

"와, 이미 멋진 하루군요!"

그날 내 노트에는 다음과 같은 내용이 기록되었다.

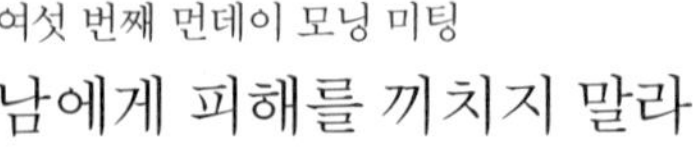

여섯 번째 먼데이 모닝 미팅
남에게 피해를 끼치지 말라

— 준비에는 그만한 보상이 따른다! 철저히 준비한 회의와 그룹 인터뷰는 아주 성공적이었음!

— 그룹 인터뷰에서 나온 문제의 대부분은 능동적인 커뮤니케이션 태도로 개선될 수 있는 것들이었음.

특히 '신뢰의 문제'와 '전략·전술의 문제'는 신중히 대처할 것. 신뢰와 전략에 대한 문제는 상부에 보고하기 전 부서 차원에서 가능한 한 최선의 노력을 다한다.

— 무엇보다도 남에게 피해를 끼치지 말라! 먼저 스스로 문제를 해결하기 위해 모든 방법을 시도하라. 그전까지는 섣불리 상부에 보고하지 말 것.

처음부터 충분히 제대로 하라

일곱 번째 먼데이 모닝 미팅을 기다리며 난 정말 활기찬 기분을 느꼈다! 마이클과 나는 둘 다 유례없이 생산적인 한 주를 보냈을 뿐만 아니라, 금요일 퇴근시간에 맞춰 과제까지 기분 좋게 마무리 지을 수 있었기 때문이었다.

"그래, 좋은 주말 보냈나?" 마당에 나와 있던 토니가 현관계단을 오르며 내게 물었다.

"네." 내 입에서는 미소가 새어 나왔다. "계획이 점차 완성돼 가고 있고, 내주신 과제도 금요일 일과 중에 마치게 되어서 모처럼 홀가분한 기분으로 주말을 보낼 수 있었답니다!"

"저도 마찬가지였습니다. 게다가 주말 동안 우리의 먼데이 모닝 미팅에서 함께 이야기하고 싶은 분명하고 정확한 메시지의 사례를 하나 알게 되었답니다." 마이클은 활기찬 목소리로 이야기를 시작했다.

"지난 토요일에 제 막내 남동생의 결혼식이 있어서 아내와 저, 저희 부모님이 모두 함께 결혼식장으로 가는 길이었습니다. 차 안에서 아버지는 신랑 신부에게 해줄 축하의 말씀을 연습하느라 한창이셨죠. 아버지께서 연습을 마치셨을 때, 저는 어머니는 과연 무슨 말씀을 하실까 궁금해서 어머니께 물어보았어요.

그러자 어머니는 이렇게 말씀하셨죠. '마이클, 네 외할머니께서는 오래 전에 신랑의 어머니로서 해야 할 일에 대해 아주 훌륭한 조언을 해주셨단다. 그 말씀이란, 사돈댁의 기를 꺾으려고 한다거나 신랑 신부가 받아야 할 주목을 뺏으려 하지 말라는 것이었지. 아주 간단해서 절대 잊어버릴 수 없는 쉬운 문장이었단다. 베이지 색 옷을 입고, 식장에 들어가, 입을 떼지 말거라! 라는 명언을 해주셨지.' 이것도 효과적인 커뮤니케이션의 한 방법이라 할 수 있지 않을까요?"

우리는 마이클의 이야기에 웃음을 터뜨렸다. 잠시 후, 각자의 커피잔을 들고 자리에 앉자 본격적인 수업이 시작되었다.

내가 먼저 설명을 시작했다.

"이번 과제를 하면서, 지금까지 우리가 다루었던 모든 내용을 담고자 노력했습니다. 그룹 인터뷰에서 얻은 자료와 매주 먼데이 모닝 미팅에서 다룬 내용을 다시 한 번 검토했고, 그 자료들을 바탕으로 지침의 초안을 만들어봤습니다.

그런 다음, 팀 내에 우수한 커뮤니케이션 능력을 갖춘 직원 몇 명, 광고부와 홍보부에서 언어능력이 뛰어난 직원들에게 요청해 그 초안을 함께 검토했어요. 덕분에 훌륭한 아이디어 몇 개를 추가할 수 있었죠. 마지막으로 그 내용을 사내 인트라넷에 등록했을 때 한 화면에 모든 흐름을 볼 수 있도록 한 쪽 분량으로 과감히 정리했습니다.

일단 내용을 보여드리기에 앞서, 저희가 이 프로젝트를 어떻게 진행하고 이끌어갈 건지를 먼저 말씀드리고 싶어요. 이 지침에 들어 있는 정보들은 매우 중요하기 때문에, 우리 일과 관련된 모든 이들이 참석한 가운데 공개적인 회의를 개최할 생각입니다. 우리는 '중요한 커뮤니케이션'이 좀더 효과적이고 효율적인 업무, 더 나아가서는 직원들의 직장생활에 커다란 변화를 가져올 수 있다고 믿기 때문에, 회의를 통해 우리의 열정을 확실히 표현하고 싶습니다.

사실 우리가 준비한 내용의 대부분은 팀원들이 납득하기 어려운 것들이 아니에요. 하지만 이렇게 모든 사람들을 대상으로

열린 방식을 사용하면 만에 하나 있을 수 있는 불만이나 분쟁의 싹을 조기에 차단하는 데 도움이 될 거란 생각이 들었거든요.

만약 이 내용을 이메일로 보낸다면 팀원들이 그걸 읽고 우리가 쉽게 해결할 수 있는 사안에 대해서조차 보이지 않는 불만을 키워갈 수 있으니 말입니다. 또 그런 문제는 쉽게 눈덩이처럼 불어나지요." 나는 설명했다.

그리고 마이클이 부가설명을 했다. "이와 함께 회의를 효과적으로 진행할 수 있게 도와줄 보조도구를 몇 가지 준비하려 합니다. 이 지침은 회의석상에서 서면으로도 나눠주겠지만, 그 이후엔 사내 인트라넷에 올려놓기로 했어요. 인트라넷에 등록된 요약본에는 각 핵심단어마다 링크를 걸어 상세한 설명, 보조도구, 예시로 바로 연결되게 할 계획입니다."

"이제 저희가 만든 지침을 보여드리겠습니다. 링크할 자료가 준비되지 않았다는 점을 감안하시고, 그 이외의 부분엔 부족함이 없다고 느끼셨으면 해요." 내가 말했다.

'중요한 커뮤니케이션'이란…

분명한 목적을 지닌다. '중요한 커뮤니케이션은' 특정한 행동을 유발하고, 중요한 정보를 전달한다. 또한 상대방의 생각을 바꾸거나 강화하기 위한 것이다.

우리의 목표

- 커뮤니케이션을 할 때는 처음부터 충분히 제대로 전달되도록 노력한다.
- 효과와 생산성을 더욱 높인다.
- 메시지의 총 분량과 업무량, 스트레스를 줄인다.

효과적인 커뮤니케이션은 나로부터 시작된다!

- 발신자는 커뮤니케이션의 효과에 대해 일차적인 책임을 진다.
- 수신자 역시 문제가 있을 경우 이를 확인할 책임이 있다. 이해가 안된다고 해서 그 메시지를 무시해도 되는 건 아니다.
- 관리자는 커뮤니케이션 시스템에 대한 문제와 조직원들이 공통된 정보를 가지도록 책임을 져야 한다.

지침

효과적인 '중요한 커뮤니케이션' 은…

- 뚜렷한 업무목적과 구체적인 목표를 지닌다.
- 분명하고 정확하며 직접적이다.
- 가장 효과적이고 효율적인 전달매체를 선택한다.
- 커뮤니케이션의 대상으로 적절한 사람들을 포함한다.
- 정중하고 긍정적이며 공적인 어조를 사용한다.
- 완벽하고 오류가 없으며 신중하다.
- 관련된 모든 당사자들에게 뚜렷한 동기부여를 해준다.

'필수 질문 항목' 을 언제나 잊지 말도록 하라. 자신의 커뮤니케이션이 '누가, 무엇을, 언제, 왜, 어떻게, 어디서, 얼마나' 라는 질문에 대한

답을 포함하고 있는지 검토하라.

빨리 가고 싶다면 천천히 가라

토니는 우리의 계획을 찬찬히 살펴본 후 신중히 평가했다. "흠, 나쁘지 않아. 앞으로 이 지침이 자네들의 프로젝트에 얼마나 쓸모 있는 존재가 될지 확실히 알 수 있겠구먼. 자, 이번에는 이 지침과 연결할 내용에 대해 좀더 자세히 들어봤으면 하는데 말이야."

내가 다시 설명했다. "앞서 말씀드린 것처럼 기본개념은 커뮤니케이션에 대한 보충자료를 제공하는 거예요. 우리가 원하는 적절한 보충자료를 얻기 위해서 한 가지 이상의 방법을 쓸 수 있을 겁니다. 보통 잘 만들어진 웹 사이트가 그렇듯 말이죠. 인터넷에 검색 사이트를 보면 검색어뿐만 아니라 카테고리로 분류를 하기도 하잖아요.

우리 역시 첫 화면에 실린 핵심단어를 클릭하면 관련항목으로 바로 연결되게 링크를 추가하는 것 외에도 주제별로 항목을 분류해놓을 겁니다.

예를 들어볼까요? '정의' 항목에는 우리가 앞으로 계속 이야기 할 '중요한 커뮤니케이션'의 차원에서 사용되는 용어 및 약어들이 실릴 겁니다. 이 항목에는 '목표'와 '기대결과'의 차이점 등 각종 용어의 기본개념에 대한 자세한 설명도 포함될 거예요."

"아, 여기서 끝나는 것이 아닙니다." 마치 홈쇼핑 채널의 쇼 호스트를 연상시키는 어조로 마이클이 말했다. "제 '커뮤니케이션 도우미'와 이메일 예의범절 지침, 선생님의 회의준비 계획표 같은 각종 보조도구 및 체크 리스트를 담은 '보조도구' 항목도 있죠.

이 밖에 '양식과 예시문서'라는 이름의 항목도 만들 건데요, 우리가 자주 작성하는 커뮤니케이션의 표준양식을 올려놓을 예정입니다. 이를 테면 고객에게 발신하는 편지, 기안서, 프로젝트 현황 보고서, 예산 요청서 같은 것들이죠."

그리고 내가 말을 이었다. "우리의 주제별 마지막 항목은 '정보자원'입니다. 여기에는 참고문헌, 외부 정보로의 링크, 교육 프로그램이 포함될 거고요. 교육 프로그램을 클릭하면 인사과로 연결되어 공식 교육 프로그램을 알아보거나, 우리가 계획하고 있는 비공식 교육 프로그램의 자료를 열람할 수 있습니다."

"예상하셨겠지만, 대부분의 자료는 바로 여기에서 추려질 겁니다." 마이클은 자신의 '토니와 함께 하는 먼데이 모닝 미팅' 노트를 가리키며 말을 이었다.

"물론 그 밖에 다른 자원도 최대한 활용할 계획이에요. 표준 문서 양식에 대해서는 우리가 원래부터 가지고 있던 파일, 그리고 일부 체크 리스트에 대해서는 선생님께서 추천하신 인터넷 웹 사이트를 참고하면 될 것 같습니다. 하지만 나머지 자료 중엔 아직 개발단계에 머물러 있는 것들도 많답니다."

나는 커피 한 모금을 마신 후 말했다. "그중에 하나가 우리가 지금 한창 씨름하고 있는 이 양식이에요. 일종의 '매체선정' 지원도구인데 선생님이 좀 도와주실 수 있을까 해서 가져왔습니다. 처음부터 커뮤니케이션을 제대로 하기 위해서는 첫번째 단계부터 가장 효과적인 매체를 선정할 필요가 있다고 생각했기 때문이에요.

우리의 계획은 커뮤니케이션에 이용되는 여러 가지 다양한 매체가 가진 특성, 장점과 단점을 요약하고, 어떤 경우에 그 각각의 매체가 가장 적합한지 제안하는 것이었습니다. 그중 이메일 커뮤니케이션을 예로 들면 아래 같은 형식이 되겠죠." 나는 토니에게 도표 하나를 건넸다.

매체	특성	장점	단점	최적의 용도
이메일	• 간접적 • 상호작용적이지 않음 • 장소의 제약이 없음	• 시간차가 허용됨 • 신속함 • 효율적	• 차갑게 느껴질 수 있음 • 완전히 개인적이지는 않음	• 직접적이고, 사실기반의 사안에 적합

"문제는 이거예요. 선택 가능한 모든 매체를 이런 식으로 정리하면 방대한 표가 될 것이고, 그러면 결국 아무도 쓰고 싶어 하지 않는 무용지물로 전락할 지도 모른다는 거죠. 하지만 이것은 우리가 안고 있는 문제의 중요한 일부인 만큼 이 정보를 어떤 식으로로든 전달해야 한다는 딜레마가 있습니다."

"흠…." 토니는 이메일 도표를 찬찬히 살펴보고 다시 입을 열었다.

"무슨 말인지 충분히 이해가 가네. 그렇다면 일단 매체선정에 대한 '권장사항'과 '금지사항'에 대한 간단한 목록을 작성하는 걸로 시작해보는 건 어떤가? 매체를 선택하는 방법이나 하나의 매체를 선택하여 커뮤니케이션을 할 때, 그 상황에서 빈번하게 일어나는 문제가 무엇인지 그에 대한 인식을 높이는 게 도움이 될 것 같은데…. 하지만 다시 생각해보면 자주 발생하지 않는 문제 중에도 아주 심각하고 중대한 실수가 있을 수 있지. 이 경우엔 아무래도 이중 전략을 사용하는 게 좋겠군." 그가 이렇게 제안했다.

"간단한 팀 회의를 열어 컴퓨터의 프레젠테이션 프로그램을 사용해 프레젠테이션을 하는 방법이 있네. 위의 내용을 스크린에 한 번에 하나씩 띄워 설명하면 팀원들도 그렇게 큰 혼란이나 부담을 느끼지는 않을 거라 생각해.

그 자리에서 나올 내용의 대부분은 상식적인 이야기일 테니 팀원들이 이메일은 무엇에 좋고, 전화는 무엇에 좋고 따위를 시시콜콜 외워야 할 필요는 없을 걸세. 하지만 적절한 매체선택의 중요성과 부주의에서 비롯될 수 있는 결과에 대해 관리자에게 직접 듣고 상기할 필요는 있지.”

“그렇군요.” 내가 말했다. “그렇다면 지금 커뮤니케이션 매체에 대한 목록을 만들어볼 수 있을까요?”

“물론이지!” 토니는 열정적인 반응과 함께 빈 종이를 하나 꺼냈다. “좋아, 그럼 이제 시작해볼까? 우선 ‘금지사항’으로 시작해보자고. 긍정적인 면을 먼저 생각하는 게 내 신조이지만 사람들의 주목을 끄는 데는 부정적 측면을 부각하는 게 더 효과적인 경우가 가끔 있지.”

우리가 완성한 ‘금지사항’ 목록는 다음과 같았다.

> **‘중요한 커뮤니케이션’을 위한 매체 선정시 금지사항**
> - 신문 1면에 나오길 원하지 않는 내용이라면 이메일이나 사내 인트라넷에도 쓰지 말라.
> - 개별적으로 해결하는 게 좋은 사안이라면 회의를 소집하지 말라. 다른 사람의 시간을 낭비하지 말라.

- 메신저를 남용하지 말라. 내가 보내는 메시지 하나하나가 수신자에게는 실시간 업무방해가 된다.
- 긴급사안의 커뮤니케이션의 경우는 사내 인트라넷에 의존하지 말라. 급한 문제라면 전화나 이메일로 알릴 것.
- 시청각 자료가 관련된 사안이라면 전화로 논의하지 말라. 전화로 하려거든 이메일로 해당 자료를 미리 보내라.

"훌륭한 목록인 걸요." 마이클이 흡족하게 말했다. "이제 긍정적인 면으로 넘어가볼까요?"

우리는 처음과 같은 과정을 반복해 아래와 같은 목록을 완성하였다.

'중요한 커뮤니케이션'을 위한 매체 선정시 권장사항

- 민감하거나 감정적, 개인적 사안의 경우 직접 만나서 커뮤니케이션 하라.
- 보다 나은 해결책과 계획을 도출하기 위해 협력과 다양한 의견이 중요하다면 회의를 활용하라.
- 직접적이고 사실기반의 사안에는 이메일을 사용하라. 전화나 회의에 비해 많은 시간이 절약된다.
- 보고서나 정보를 공지할 때는 사내 인트라넷을 활용한다. 단, 게시한 후에는 지속적으로 업데이트를 하라.

> • 높은 수준의 상호 의견교환이 필요한 사안은 전화를 사용한다. 때론 짧은 전화 한 통만으로 이메일 여섯 건을 대체할 수 있다.

"아주 좋은 출발이야." 토니는 금지사항과 권장사항의 목록을 다시 찬찬히 읽은 후 말했다. "이 리스트를 팀 회의 때 소개하고 다른 아이디어가 있는지 의견을 받아보면 좋을 것 같네. 자, 이제 자네들이 이걸 팀원들에게 공지할 때 어떻게 하면 '융통성 없는' 느낌을 주지 않을 수 있는지 이야기해볼까?"

마이클이 먼저 말을 꺼냈다. "글쎄요. 우선 제니와 저는 '처음부터 충분히 제대로 하라'의 중요성을 강조하기 위해 회의를 시작하면서 '미트볼 수술' 개념을 소개하면 좋겠다고 동의했어요. 하지만 어떻게 하면 '미트볼 수술'을 쉽고 효율적으로 설명할지 자세한 방법까진 생각하지 못했습니다. 사실 이 부분에 대해 선생님의 조언이 필요한 상황이에요."

"기꺼이 하다마다." 토니가 미소를 지으며 답했다. "사실 지금이 가장 재미있는 단계라고 할 수 있지. 난 말일세, 우리가 '미트볼 수술'에 대한 이야기를 처음 시작한 날부터 이에 대해 생각해왔다네.

이건 어떤가? 우리가 앞에서 살펴보았던 TV 드라마 '야전병원 매쉬'를 이번 회의의 테마로 이용하는 걸세. 군대용품을 파는 상점에 가서 자네들을 포함해 그날 프레젠테이션에 참가하는 사람 수대로 군인용 재킷을 사게나. 예산이 허락한다면 팀원들을 위해 군용 티셔츠를 사는 것도 좋겠지. 비싼 옷일 필요는 없네. 내 목적은 '야전병원 매쉬'를 연상시키는 무대장치를 연출하려는 것이니까 말일세.

그리고 마이클, 회의를 진행하면서 자네가 '호크아이', 제니는 간호장교 '훌리한' 역을 맡으면 좋을 것 같네. 간호장교 훌리한은 입술이 아주 매력적인 여자라는 것 알고 있지? 자네가 그 역할을 제대로 소화할 수 있을지 좀 걱정이 되긴 하지만 말이야!" 마이클과 나는 웃음을 터뜨렸다.

"원한다면 드라마의 다른 등장인물들도 출연시키게. 유머감각이 뛰어난 팀원이 있다면 재미있는 조연을 부탁하는 것도 좋아. 이왕 하는 회의가 신선하고 즐거우면 얼마나 좋겠나? 생산적인 면에서도 좋을 걸세." 토니가 지적했다.

"와, 이 테마는 정말 상황에 따라 다양하게 적용할 수 있겠는데요!" 나는 흥분을 가라앉히지 못하고 소리쳤다. "이 일에 적극적으로 참여하고 싶어할 만한, 그리고 중간에 절대 비밀을 누설하지 않을 만큼 입이 무거운 팀원들이 몇 명 있어요. 그들도 이런 색다른 회의를 아주 좋아할 겁니다. 토니, 당신도 오세요!

감사관 의상을 마련해놓을 테니 말이죠!"

"흠, 그 제안은 조건부로 수락하겠네. 내게 어울리는 멋진 선글라스도 같이 준비해놓으면 말이야. 물론 명찰도 필수야."

우리는 큰 소리로 웃었다. 우리 모두 '야전병원 매쉬' 아이디어에 대해 크게 들떠 있었다.

토니가 만족스러운 표정으로 말했다.

"이런, 오늘도 순식간에 시간이 지나가 버렸군. 그리고 여느 때와 마찬가지로 오늘의 수업 역시 아주 생산적이었네. 아, 다음번 수업이 바로 여덟 번째 월요일이지? 드디어 마지막 미팅이 되겠군. 자, 그러니 이게 자네들한테 내주는 마지막 과제가 되겠구먼.

내가 이번에 내주고 싶은 과제는 커뮤니케이션 개선 프로젝트와 관련하여 자네들의 비전을 만들고, 계획을 세우고, 이와 관련된 간단한 프로그램을 작성하는 것이야. 우선 지금부터 6개월 후의 어느 날을 상상해보게. 자네들이 지금 들이고 있는 노력이 어떤 결과를 불러일으킬지 그려보게나. 자네들 개인에게, 그리고 조직전체에 어떤 영향을 끼치고 변화를 가져올지 생각해봐.

그리고 이 다음이 특히 어려운 부분일 게야. 그동안 이룬 진전을 앞으로 계속 유지하기 위해 자네들이 어떻게 할 건지, 어떤 새로운 행동을 할 건지 고민해보게. 자네들이 회사에서 하는 모든 '중요한 커뮤니케이션'의 효과를 지금부터 한 차원 더 높이기 위해 어떤 계획을 갖고 있는지 다음주 월요일까지 생각해보고 나에게 말해줬으면 하네."

이날 나는 우리가 논의한 권장사항, 금지사항 목록과 함께 다음과 같이 내용을 정리하였다.

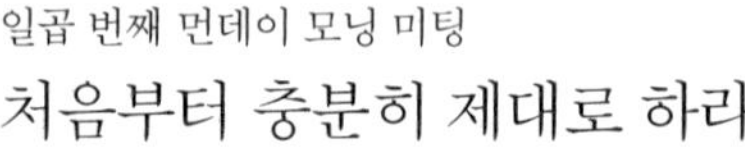

일곱 번째 먼데이 모닝 미팅
처음부터 충분히 제대로 하라

―우리의 목표·역할·지침, 이제 프로젝트를 위한 완벽한 준비를 갖춤!

―사내 인트라넷을 제대로 활용하는 게 중요하다.

― '야전병원 매쉬'를 팀 회의 테마로 이용, 커뮤니케이션에서의 '미트볼 수술' 개념을 소개한다.

―우리의 목표는 '완벽'이 아니라, '처음부터 충분히 제대로 하기'를 통한 효과적인 커뮤니케이션임을 강조한다.

THE EIGHTH MONDAY

커뮤니케이션 마스터로 가는 길

마이클과 나는 마지막 수업을 위해 토니의 집 현관계단을 오르며 여러모로 묘한 감정을 느꼈다. 우리가 그동안 달성한 것들을 생각하면 스스로도 대견하고 뿌듯한 기분이었지만, 오늘이 토니와의 마지막 시간이라고 생각하니 한편으로는 몹시 슬펐다.

토니는 여느 때처럼 문을 활짝 열고 우리를 맞이했다. 마지막 수업이란 것을 잊고 분위기를 밝게 하겠다고 마음먹은 듯, 마이클은 토니에게 가벼운 농담을 던졌고, 우리는 유쾌하게 웃으며 집안에 들어섰다.

자리에 앉자 마이클이 먼저 입을 열었다. "지난주 내내 생각해봤는데요, 우리가 세운 커뮤니케이션 프로젝트를 이행하는 건 큰 무리가 없을 것 같은데, 향후 장기적으로 생각하면 정확히 어떤 방향으로 가야 할지 모르겠다는 생각이 들었습니다."

"저도 마이클과 마찬가지에요." 내가 말을 이었다. "특히 오늘 이후로 선생님의 조언을 더 이상 들을 수 없다고 생각하니 더 막막하게 느껴집니다. 솔직히 말씀드려, 아직도 전 커뮤니케이션에 대해 이해하지 못하고 있는 부분들이 많아서 거기에 대한 공부도 많이 하고 더 많은 것들을 이해해야겠다고 생각해요. 그러나 어떻게 해야 빠른 시간에 원하는 바를 달성할 것인지 잘 모르겠다는 거죠."

커피를 한 모금 마시면서 마이클이 이야기를 시작했다. "여기서 다시 '미트볼 수술'의 비유를 들자면, 전 거기 나온 의사들의 상황을 다시 한 번 생각해봤어요.

전쟁이 끝날 때까지 전쟁터를 떠날 수 없었던 그들은 야전병원에 머무르는 내내 주어진 짧은 기간 동안 하나라도 더 많은 인명을 구할 수 있는 특수한 기술을 연마해야 했습니다. 하지만 그와 동시에 제대를 하고 보통 사람들의 세계로 돌아갔을 때를 대비한 기술 역시 향상시켜야 했습니다. 현실에서는 '처음부터 충분히 제대로 하기' 만으로는 충분치 않으니까요.

할 일은 그뿐이 아니었습니다. 전쟁터 한복판이라는 긴급한 상황에서 자신의 목숨을 보전하고, 힘든 환경에 있으면서도 온전한 정신을 유지해야 했고, 동시에 전쟁을 승리로 이끌도록 리더십을 발휘해야 했어요. 절대 만만한 일이 아니었죠."

"전쟁터와 비교해보면 우리가 처한 상황은 차라리 수월하게 느껴지는데." 내가 말했다.

"나도 그런 느낌이 들었어." 마이클이 고개를 끄덕였다. "게다가 우리에게는 우리보다 앞서 비슷한 길을 경험한 든든한 조언자가 있으니까. 그렇죠, 선생님?"

"그래, 그리고 자네들의 심정은 나도 이해하네." 토니가 의자 깊숙이 몸을 기대며 말했다. "그런데 오늘의 수업에 어울리는 본격적인 이야기를 나누기 전, 잠시 이 수업에 대해 객관적으로 생각하는 시간을 가졌으면 좋겠네.

오늘이 마지막 먼데이 모닝 미팅이니 만큼 이제 여정의 끝에 도달했다고 볼 수도 있을 거야. 하지만 내 생각은 좀 다르다네. 우린 이제 각자의 길을 향한 갈림길에 이른 것뿐이야. 이제부터 자신의 방향을 잡아 새로운 길을 출발하는 시작인 셈이지."

"오늘 아침에 꼭 여쭤보고 싶은 중요한 질문이 하나 있는데, 그건 이따가 말씀드리기로 하겠습니다." 마이클이 말을 이었다. "말씀하신 대로, 우리 앞에 완전히 새로운 길이 놓여 있다는 것에는 적극 동의합니다. 그래서 선생님의 경험에서 우러나오는 조언이 우리에게 필요한 거구요."

"나 역시 그렇잖아도 몇 가지 일러둘 말이 있다네. 일단 자네들의 과제를 점검한 다음 바로 그 이야기를 나누도록 하세."

"토니, 잠깐만요. 시작하기 전에 저희가 선생님을 위해 작은 선물을 준비했어요. 꼭 받아주셨으면 좋겠습니다." 마이클이 웃으면서 말했다.

"맞아요." 나는 서류 가방에서 작은 상자를 하나 꺼냈다. "사실 저희 마음을 제대로 표현할 수 있는 선물을 찾기란 쉽지 않았어요. 그래서 최소한 선생님께 유용할 것 같은 물건으로 골랐습니다."

우리는 콜롬비아 산 고급 커피원두와 매월 세계 각국의 커피원두를 배달받을 수 있는 커피클럽의 회원권, 짙은 올리브 색 머그잔이 들어 있는 작은 상자를 내밀었다.

그 속에는 '영원한 애정과 감사를 담아, 미트볼 제자들 올림'이라는 우리들의 진심이 담긴 메시지를 적은 작은 카드도 들어 있었다. 토니는 컵을 받아들고 큰 웃음을 터뜨렸다.

"자네들 정말 놀랍군! 내게 더 이상 좋은 선물은 없을 걸세. 이 커피를 마실 때마다 자네 두 사람을 생각하겠네. 사실 나도 자네들을 위해 뭔가 준비했지만 수업이 끝날 때까지 기다리도록 하지. 자, 이제 시작해볼까?"

나는 일단 과제에 대한 설명을 시작했다. "이번 과제 중 먼저 저희의 단기적인 비전을 말씀드릴게요. 100% 정확한 예측을 하기는 힘들었지만, 마이클과 저는 향후 4~6개월 동안 우리가 예상할 수 있는 합리적인 기대 목표치를 설정해봤습니다.

그리고 목표를 정하고 나서 그에 대한 진전상황을 파악하기 위해, 우리가 가장 처음 진행했던 것과 같은 직원 설문조사를 꾸준히 실시하려고 해요. 말하자면 설문조사가 우리 프로젝트의 효과도 측정기준이 되는 거죠. 그리고 나서 60일, 120일이 지난 시점에 다시 조사를 실시해 상황이 어느 정도 개선됐는지 알아보도록 하겠습니다.

커뮤니케이션 분량의 문제에 관해서는 팀원들에게 요청하여 각자가 주고받는 메시지 양을 프로젝트 초반의 몇 주 동안 기록하도록 요청할 것입니다. 그런 다음, 후속 설문조사 때 다시 똑같은 조사를 실시하는 거죠. 모든 종류의 커뮤니케이션을 다 셀 수는 없겠지만, 이 정도라면 커뮤니케이션 분량과 관계된 중요한 부분은 어느 정도 해소될 수 있다고 생각합니다."

"이번에는 우리가 예상하는 6개월 후의 모습에 대해 말씀드리겠습니다." 마이클이 말을 이었다. "우리는 이번 프로젝트가 사내 커뮤니케이션 개선에 커다란 진전을 가져올 거라고 확신합니다. 그걸 감안해서 우리가 내린 합리적인 목표는 평균 커뮤니케이션 효과도의 2점 이상 상승, 총 커뮤니케이션 분량 20% 이상 감소로 정했습니다.

그래서 제니와 저는 사무실 벽에 이런 표어를 붙여놨답니다.”

‘당장 실천’ 커뮤니케이션의 목표
커뮤니케이션 효과도 2점 이상 개선

커뮤니케이션 분량 20% 이상 감소

마이클이 계속 설명했다. “커뮤니케이션 유형에 따른 별도의 목표치는 세우지 않았는데요, 사실 프로그램이 진행되면서 이메일이나 전화 등 일부 수치는 오히려 증가할 수 있기 때문입니다. 커뮤니케이션에 사용되는 매체의 비중 역시 지금과는 분명 달라질 거구요.

커뮤니케이션 효과도의 경우 이러한 측정기법, 즉 팀원들이 자의적으로 결정해서 준 점수에 의존하는 방법이 아주 정확하지는 않지만, ‘충분히 제대로’ 된 방법이라고 봅니다.

이건 기술적인 실험이 아닌 만큼 극도의 정확성보다는 상황의 관찰을 목적으로 한 조사거든요. 다시 말해, 우리 모두가 안고 있던 커뮤니케이션 문제가 얼마나 많이 개선했는지 확인하고자 하는 겁니다. 물론 6개월이 지난 시점이라면 분명히 개선 됐을 거라고 확신하지만 말이죠."

그리고 내가 자신 있게 말했다. "우리가 세운 실행계획이라면 팀원들이 커뮤니케이션이 변했다는 것을 체감하기에 충분할 만큼 효과적일 것입니다. 결과적으로 팀원들 모두가 한결 생산적이고 스트레스 없는 직장생활을 하게 될 거구요."

"효과도 2점 상승에 전체 분량은 20% 감소. 처음부터 지나치게 높은 목표를 세우지 않은 건 잘한 일이라고 보네. 이 정도면 적당해. 팀원들 각자의 능력과 동기를 고려하면서 융통성 있게 진행해야 하니 말일세. 하지만 한편으로 잠재력이 뛰어난 자네 팀의 스타직원 몇 명에게는 훨씬 높은 목표치를 설정해주는 건 어떨까? 그들에게는 좀더 강한 자극에도 현명하게 대처하고 더 높은 목표를 성취할 수 있는 능력이 있거든. 혹시 아나, 프로젝트를 끝마쳤을 때 직원들의 놀라운 성공 스토리가 쏟아져 나올지!" 토니가 정확하게 지적했다.

"좋은 아이디어에요." 마이클이 공감을 표했다. "제니와 저도 스스로에게는 가능한 한 높은 목표치를 설정해야겠습니다. 관리자로서 더 많이 노력해야죠."

그리고 내가 말했다. "두 번째 과제는 변화를 어떻게 꾸준히 유지하고 추진력을 더할 수 있을지 고민해보라고 하셨죠? 우리는 그 문제를 해결하기 위해 '더 해야 할 것', '덜 해야 할 것', '지속할 것' 이라고 세 카테고리로 나눠서 내용을 구성해봤습니다."

더 해야 할 것

— 우리 각자가 커뮤니케이션을 할 때 모범적인 사례가 되도록 더욱더 주의를 기울인다.

— 이메일과 전화통화의 분량을 꼼꼼히 측정한다.

— 인트라넷 포털 사용을 모니터하고 만족도 서베이를 정기적으로 실시한다.

— 개별적인 코칭 및 카운셀링을 통해 특별히 부족한 사항이 있는 팀원을 파악해 특정 기술 증진을 위한 교육을 실시한다.

덜 해야 할 것

— 깊게 생각해보지 않고 즉각적으로 반응하는 '성급한 반응' 을 줄이고, 이 부분에 어려움이 있는 팀원들은 개인적인 코칭 및 상담을 통해 경솔한 반응을 줄이도록 연습한다. 새로운 '영역다툼' 을 만들어내는 대신 점차 줄이도록 노력한다.

－서로에 대해 비난하고 책임을 전가하는 행동을 줄인다.
　‘내가 관련되어 있으면 내가 책임진다’라는 철학을 삶의
　방식으로 적용한다.

지속할 것
－관리자로서 가능한 한 최고의 리더가 되도록 끊임없이 노
　력하고, 팀원들이 이런 어려움을 헤쳐 나갈 수 있도록 전
　력을 다해 돕는다.

　“짐작컨대 자네들이 갖고 있는 개인적인 계획에는 여기보다
좀더 자세한 사항이 추가되어 있을 거라는 생각이 드는군.” 토
니가 진지한 어조로 말했다. “예를 들어 팀원들 대상의 교육 프
로그램에 참여하는 것 외에, 자네들 스스로 계획한 별도의 독립
적인 학습이나 자기계발 관련 계획을 하고 있나?”

　“네. 그렇긴 해요.” 나는 대답했다. “사실 지금 하신 질문은
수업을 시작하면서 마이클이 앞으로 어떤 방향으로 가야 할지
잘 모르겠다며 드린 질문과 연관이 있는 것 같습니다.

　앞으로 저희는 커뮤니케이션이라는 물속에 얼마나 깊이 빠져
들어야 하는 걸까요? 그러니까 얼마만큼 전력을 다해 노력해야
스스로 만족할 만한 개선을 했다고 이야기할 수 있을까요?”

　토니가 신중히 말을 이었다. “만약 자네들이 그 질문을 몇 주

전에 했다면, 자네 둘은 그에 대한 내 대답을 들을 준비가 안 된 상태였을 거네. 솔직히 말해, 내가 지금 말하려고 하는 조언을 그 당시에도 똑같이 했을지는 잘 모르겠어. 그때만 해도 자네들은 '중요한 커뮤니케이션'이 얼마나 중요한지 파악하지 못하고 있었으니까 말이야." 그리고 토니는 우리가 예전에 살펴봤던 그래프를 다시 보여주었다.

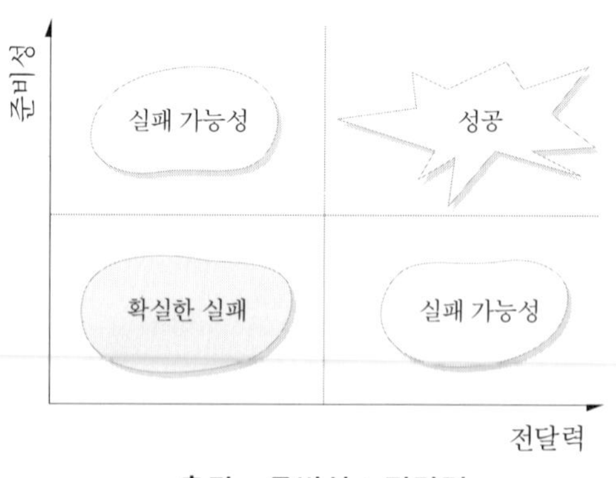

효과 = 준비성 + 전달력

"앞으로의 여정이 불안하다고 했지? 이 그래프를 다시 한 번 보게. 준비성과 전달력, 이 두 가지 중요한 요소가 커뮤니케이션의 효과를 끌어 올리고 있다네.

다시 강조하자면, 준비성은 자네가 청중 앞에서 입을 열거나 이메일의 발신버튼을 클릭하기 직전까지 해야 할 모든 일을 지칭하지.

그리고 전달력은 편지, 전화, 연설 등 그 형식에 상관없이 실제로 일어나는 모든 커뮤니케이션 활동 그 자체를 가리킨다네. 이 두 가지 요소를 합쳤을 때 바로 커뮤니케이션의 효과가 측정되지. 즉 자네가 세운 커뮤니케이션 목적이 얼마만큼 달성되는지 알 수 있을 거야.

앞으로도 훌륭한 커뮤니케이션을 하기 위해 꾸준히 노력하여 계속 이 그래프의 우측 상단 영역에 속할 수 있다면, 자네들은 스스로 세운 커뮤니케이션 목표의 대부분을 이룰 수 있을 걸세. 더불어 내가 즐겨 부르는 소위 '커뮤니케이션의 마스터'의 영역에 발을 들여놓게 되지. 거기서 얻는 열매의 달콤함은 맛보기 전에는 상상도 못할 걸세!

사실 아주 작은 정도의 향상이라 해도 그 발전을 꾸준히 유지할 수만 있다면, 자네들의 커뮤니케이션은 더욱더 굉장한 영향력을 발휘하게 될 걸세. 자네가 원하는 것들을 이룰 수 있고, 주변 사람들은 자네의 의견을 열정적으로 지지하게 되지. 그러면서 자연스레 존경과 신뢰를 얻어 가는 걸세. 더욱 놀라운 건 그 모든 것이 자네에게 전혀 힘들어 보이지 않게 된다는 거야.

내가 여기서 '힘들지 않게'라는 표현 대신 '힘들어 보이지 않게'라는 표현을 썼다는 것을 잊지 말게. 자네들도 이미 느꼈겠지만, 온갖 규칙과 예외사항을 지켜가며 올바른 언어를 구사하고 메시지를 작성한다는 것만으로도 커뮤니케이션은 결코 만만한 일이 아니니까.

게다가 커뮤니케이션을 하는 상황에 따라 전달매체와 주제, 청중, 목표라는 변수가 항상 달라지지 않은가? 그러니 커뮤니케이션 하나하나는 어찌 보면 슈퍼컴퓨터로도 풀기 힘든 수수께끼라고 볼 수도 있는 것이지.

또한 '커뮤니케이션 마스터'라는 것도 실은 아주 일시적인 위치라네. '마스터'가 됐다고 해서 항상 커뮤니케이션을 잘하고 절대적으로 강점이 있다는 것을 의미하지는 않기 때문이지. 그건 그저 다른 사람들보다 약간 우수하다는 이유로 얻어지는 과분한 보상이라 할 수 있어. **따라서 마스터의 위치를 유지하자면 다른 이들보다 최소한 반 발자국은 계속 앞서 있어야 하네.** 그 반 발자국을 유지하기 위해서는 항상 남들보다 노력해야 되고.

자, 자네들은 지금 아주 중요한 관문에 서 있네. 마스터에 이르는 도전을 받아들이든 아니든, 난 자네들 앞에 펼쳐진 전투에서 승리할 수 있길 기원하네."

그리고 토니는 우리에게 두꺼운 책을 한 권씩을 건네주었다.

"이 책에는 앞으로 자네들이 어떤 길을 선택하든 그 여행길에 도움이 될 수 있는 내용이 담겨 있다네. 참고하도록 해."

그의 진심 어린 조언과 배려에 우리는 감격했다. 마이클과 나는 토니에게 감사의 말을 전하고, 우리가 배운 것을 다른 사람들에게 전달하겠다는 약속을 꼭 지키겠다고 굳게 다짐했다.

"이건 작별이 아니라 미래에 펼쳐진 새로운 길을 떠나는 자네들을 배웅하는 거라네. 자, 언제나 몸조심 하고 좋은 여행이 되길 바라네!" 우리와 함께 현관까지 걸어 나오면서 토니가 기운차게 말했다.

나는 토니가 8주 동안 우리에게 가르쳐준 방법을 마지막까지 꼭 따르겠다는 결심을 다지며 사무실로 돌아왔다. 책상에 앉자마자 '더 해야 할 것', '덜 해야 할 것', '지속할 것' 목록을 먼데이 모닝 미팅 노트에 정리한 다음, 아래와 같이 마지막 수업의 내용을 정리했다.

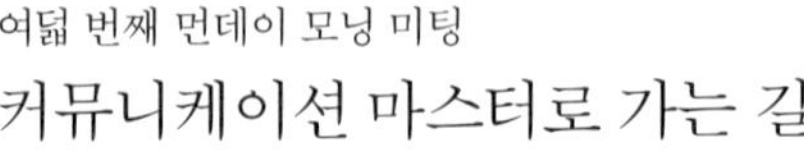

여덟 번째 먼데이 모닝 미팅
커뮤니케이션 마스터로 가는 길

— 커뮤니케이션 준비성과 전달력의 수준을 높이기 위해 꾸준히 노력한다면 커뮤니케이션의 효과는 계속 좋아질 것이다.

— 효과 높은 커뮤니케이션을 계속 유지함으로써 '커뮤니케이션의 마스터' 지대에 들어서게 된다.

— '커뮤니케이션 마스터'에 계속 머무를 수 있다면 나의 커뮤니케이션이 다른 사람들에게 더 큰 영향력을 발휘하고, 그 결과 내가 원하는 것들을 이룰 수 있으며 자연스럽게 존경도 얻게 된다.

— 나는 기꺼이 노력을 다하겠다! '커뮤니케이션 마스터'는 내 리더십에서 아주 중요한 역할을 차지하게 될 것이다.

어느새 점심시간이 되었다. 나는 회사 구내식당의 구석진 자리에 앉아 토니가 준 책을 펼쳤다. 《인생은 프레젠테이션의 연속이다》라는 제목이었는데, 첫 장을 넘기니 토니의 짧은 메시지가 적혀 있었다.

제니에게

자네의 상황에 적절하다는 생각에 내가 좋아하는 동화의 한 구절을 적어보았네! 나 역시 자네의 출발을 진심으로 축하하네!

오늘은 너의 날.
아이야, 네 앞에는 멋진 여정이 펼쳐져 있단다!
아이야, 이제 길을 떠날 시간이란다!

네게는 명석한 두뇌와
튼튼한 두 발이 있으니
네가 원하면 어디로든 갈 수 있어.

너는 혼자서 무엇이든 할 수 있단다.
넌 네가 뭘 원하는지 잘 알고 있지.
어디로 갈 건지 결정할 수 있는 것도 바로 너.

수스 박사가 쓴 《아이야, 길을 떠나렴!》 중에서.

진심을 다해!

토니

EPILOGUE

효과적인 커뮤니케이션을 위한 출발

그리고 바로 지금.

토니와 함께 만든 커뮤니케이션 개선 프로젝트는 우리에게 많은 변화를 가져다주었다. 마이클과 나는 6개월 전 이 프로젝트를 실행하기 시작했고, 그 이후 우리의 업무성과는 놀랄 만큼 향상되었다. 덕분에 커뮤니케이션 이외의 다른 사안과 문제들도 하나하나 처리해갈 수 있었다. 우리 팀의 팀워크 역시 크게 개선되었으며, 원활해진 커뮤니케이션 덕분에 아마 팀원들은 근무하기 훨씬 좋아졌다는 생각을 할 것이다.

마이클은 얼마 전 제2차 사내 커뮤니케이션 세미나를 개최했다. 배운 것을 나누겠다고 토니에게 약속한 대로 말이다! 수업은 매주 월요일 아침, 회사 구내식당에서 진행되는데 예상했던 대로 매 시간 빈자리를 찾기 힘들 정도로 직원들에게 큰 인기와 호응을 얻고 있다.

나는 지금도 토니의 제자가 될 수 있었다는 사실에 항상 감사한다. 토니와의 먼데이 모닝 미팅 이후 내 경력은 성공가도를 달리고 있다. 내 상사였던 제프가 우리 부서의 새로운 부장이 되면서 내가 바로 그의 자리를 잇게 된 것이다. 그리고 토니와의 약속을 지키기 위해 나는 우리의 수업내용을 담은 책을 쓰겠다는 계획을 가슴에 품었고, 이제 그 결실이 완성되어 여러분의 손에 들려 있는 것이다.

토니의 근황을 말하자면, 그는 부인과 함께 그동안 가보지 못한 아시아 곳곳을 여행하고 있다고 한다. '야전병원 매쉬'의 4077번째 에피소드 촬영지를 포함해서 말이다! 그는 돌아오는 대로 새로운 책을 집필할 계획을 세웠고, 마이클과 나처럼 토니의 도움이 필요한 사람들을 위해 전국을 넘나들며 더욱더 활발한 강연을 할 거라는 소식을 전해주었다. 우리에게 시간이 날 때 언제든 즐겁게 방문하라는 말과 함께 따끈한 커피를 준비해

놓겠다는 말도 잊지 않았다. 나는 다시 그간의 먼데이 모닝 미팅이 생각나 슬며시 미소를 지었다.

　사실 모든 사람이 토니 같은 현명한 멘토를 만날 수 있는 것은 아니다. 그래서 나는 당신이 이 책을 통해 토니의 가르침을 전해 듣고, 또 그의 가르침을 다른 사람들에게 전파할 수 있기를 바란다. 명확하고 효율적인 커뮤니케이션을 통해서 말이다!

이메일과 전화를 위한 커뮤니케이션 지침

이메일

1. 이메일 제목에는 중심사안이나 상대방에게 원하는 기대행동을 분명히 표시한다. 필요할 경우 '긴급', '중대', '협조요청' 같은 용어를 사용해도 좋지만 남용하지는 말 것.

2. 이메일 내용은 가능하면 한 화면, 한 주제를 넘지 않도록 한다. 신속한 답을 원한다면 원하는 바를 간략하게 정리해 요청한다.

3. 이메일 형식은 상대방이 '읽기 쉽게' 만들자. 부호나 번호를 매겨 목록을 정리하고 내용은 짧은 문단으로 구분한다.

4. 이름, 직위, 전화번호, 기타 연락처 등을 포함한 기본서명을 만들어 이메일마다 자동으로 삽입되도록 하라.

5. 하루 이상 자리를 비울 경우는 자동 회신기능을 이용한다.

6. 화가 났을 경우 흥분한 상태로 회신하지 말 것. 시간이 지난 후 작성한 내용을 다시 읽어 보고 발송한다.

7. 수신함은 깨끗이 관리하고, 저장해야 할 메시지는 별도의 폴더를 만들어 보관한다. 꼭 필요한 내용이 아니라면 삭제하라.

8. 이메일 발송시 참조인을 넣으려면 상대방이 이 정보를 꼭 필요로 하거나 알아야 할 내용이라는 확신이 들 경우에만 포함시킨다.

9. 소위 '행운의 편지' 따위는 절대 전달하지 않는다. 사람들의 스트레스와 짜증을 가중시킬 뿐이다.

10. 따듯한 태도는 사람의 마음을 움직이는 커다란 힘이 있다. 전화가 적합하다고 생각되면 주저하지 말고 수화기를 들어라.

전화

1. 통화가 연결되면 상대방에게 전화할 수 있는 여유가 되는지 먼저 물어본다. 그리고 어느 정도의 시간이 걸릴 것인지 구체적으로 밝히자. "시간 좀 괜찮으세요?" 식의 모호한 질문은 피할 것.

2. 전화를 건 목적을 밝히고 핵심적인 기대결과가 무엇인지 명

시한다.

3. 통화의 주제는 가장 서두에 말한다. 예를 들어 "스미스 씨 건에 대해 당신은 어떻게 생각하십니까?" 같은 문장으로 시작하도록 한다.

4. 통화중 상대편이 '끼어들 수 있는' 시간을 주도록 한다. 침묵은 상대방이 자신의 의견을 밝힐 수 있도록 기회를 만드는 역할을 한다.

5. 중요한 사안에 우선 집중한다. 주제 외 다른 건에 대해서는 시간이 허락하는 한 통화 후반부에 이야기하고, 추후 별도로 해결한다.

6. 상대방의 말을 경청하라. 다른 주제로 넘어가기 전 각 사안에 대해 서로 동의했다는 것을 확인하고 마무리 짓는다.

7. 요약과 확인을 잊지 않는다. 통화를 마치면서 각 사안에 대해 결과를 다시 요약하고 합의했다는 것을 확인한다.

8. 마무리는 신속히 한다. 다른 볼 일이 있다면 정중하게 양해를 구한다. 예를 들어 "XX분 후에 다른 회의가 있어서 준비를 해야 할 것 같습니다, 지금은 일단 이렇게 마무리하겠습니다."

9. 전화를 끊은 직후, 통화내용을 최종적으로 확정하고, 후속 조치를 취하기 위해 간단히 통화내용을 요약해 상대방에게 이메일을 보낸다.

10. 복잡한 사안이거나 긴 토의가 필요한 경우, 상대방에게 이

메일을 보내 통화 가능한 시간을 미리 정하거나, 편한 시간에
전화해달라고 메시지를 남긴다.

프레젠테이션의 효과를 높이기 위한 준비성과 전달력 갖추기

준비성 향상을 위한 10가지 방법

1. 청중을 파악하고 해당주제에 대해 '전문적이다'고 청중에게 인정될 만큼 충분히 준비한 다음 연단에 오른다.

2. 충분한 시간을 들여 프레젠테이션의 목표를 분명히 정하고 시간대별 계획을 수립한다.

3. 미리 계획한다. 필요한 자료와 장비를 파악한다.

4. 참석자의 성격에 맞는 크기의 회의실을 선택하고 적절히 자리를 배치를 한다.

5. 참석자들에게 회의의제와 주요정보를 미리 보낸다.

6. 회의와 관련된 모든 자료에 대해 철자, 어조, 문장의 구성, 구조, 정확성을 점검한다.

7. 예행연습을 해본다. 발표시 발음이 올바른지, 시청각 자료를 소개하는 시간이 적절히 할애되어 있는지 확인한다.

8. 예기치 않은 상황에 대비하라. 근거자료를 미리 준비해놓고, 예상되는 질문과 시간에 관련된 문제(예 : 회의가 지나치게 지연될 경우) 등 만약의 사태를 준비하라.

9. 참석자들의 적극적인 의견을 요청할 것. 이러한 피드백을 바탕으로 지속적인 개선을 해나간다.

10. 미리 준비할 사항을 정리한 체크 리스트를 작성한다. 이러한 리스트를 활용함으로써 프레젠테이션 준비를 더욱 완벽하게 할 수 있다.

전달력 향상을 위한 10가지 방법

1. 프레젠테이션에 필요한 모든 자료와 장비가 제대로 갖춰졌는지 확인한다. 모든 청중들이 당신과 자료를 잘 볼 수 있도록 시야와 조명을 점검할 것.

2. 친근한 분위기를 형성하기 위해 주최 측 및 청중들과 인사를 나눈다.

3. 오프닝은 짧고 강렬하게 한다. 일단 당신이 생각하는 목표와 기대이익을 설명하기 위해 프레젠테이션의 '목적', '절차',

'보상'을 밝힌다. 이에 대한 청중의 공감을 이끌어 낸 다음 간략하게 의제를 알려준다.

4. 청중이 잘 알고 있는 주최 측 누군가에게 당신에 대한 소개 및 이력, 혹은 해당 프레젠테이션을 하게 된 배경을 설명해달라고 부탁한다.

5. 긴장을 풀고 분명한 발음으로 이야기한다. 청중의 반응을 보면서 목소리 크기와 어조를 조절한다. 내용에 따라 몸짓을 적절히 구사한다. 미소를 짓고 청중과 눈을 맞출 것.

6. 청중의 참여를 유도하고 적절한 유머를 구사해 청중의 관심을 이끌어내고 유지하자.

7. 프레젠테이션 계획에 따라 진행하도록 하되, 청중의 필요나 상황에 따라 융통성을 발휘한다.

8. 당신이 제안하는 목표에 청중들이 공감할 수 있도록 확실히 요청하고, 이에 대한 직접적인 피드백을 받아 목표에 동의하는지 확인한다.

9. 마지막으로 요약한다. 프레젠테이션 내용에 대한 합의, 후속 조치 및 실행계획을 검토하면서 마무리한다.

10. 정시에 마친다.

옮긴이의 글

새로운 커뮤니케이션을 향한 과감한 도전

커뮤니케이션을 하지 않고 살 수 있는 사람은 없다. 더군다나 목적을 가지고 조직을 이루어 이윤을 추구하는 경우라면 커뮤니케이션은 너무나 중요한 의미를 가진다. 조직에서 커뮤니케이션이 중요한 이유는 이것이 해당 조직의 생산성, 그리고 구성원들의 업무 만족도와 직결되기 때문이다. 따라서 효과적인 조직 커뮤니케이션은 기업은 물론 그 조직의 구성원들에게도 매우 중요한 문제다.

오늘날 커뮤니케이션 매체가 다양해지고 기술적 진보도 놀라운 수준이지만, 안타깝게도 기술의 발전이 커뮤니케이션의 성공을 보장하지는 못한다. 오히려 더 복잡다단해졌기 때문에 조직 내에서도 혼란이 가중되고, 업무가 지연되는 것이 현실이다.

이 책의 저자는 이런 커뮤니케이션의 문제에 대한 해법을 흥미롭게 제시하고 있다. 유연한 조직문화, 메시지의 간결성 및 명확성, 커뮤니케이션의 우선순위 정하기, 올바른 매체의 선택, 신속하고 신중한 태도 등 조직 내에서 일어나는 커뮤니케이션의 일반적 위기와 오류를 개선하기 위한 여덟 가지의 레슨은 하나하나가 매우 실제적이며 유익하다. 또한 이 책이 더욱 매력적인 이유는 저자가 이론이나 결과만을 내세우지 않기 때문이다. 책장을 한 장씩 넘겨갈 때마다, 제니와 마이클, 멘토인 토니와의 수업을 통해 독자는 혼란스러웠던 그들의 조직이 차츰 올바른 커뮤니케이션을 정립해가는 과정을 생생히 관찰하면서 동질감과 실용적인 도움을 얻을 수 있다.

언제나 중요한 것은 실행이요, 적용이다. 내가 몸담고 있는 조직의 커뮤니케이션이 좀더 나은 모습이길 바라는가? 몸에 익은 익숙한 방식만을 고집하다보면 어느새 우리가 몸담고 있는 조직과 구성원들의 위기가 도래할지 모를 일이다. 새로운 방식을 시도하는 것은 처음 수영을 배우는 심정과 비슷하지 않을까? 누구나 발밑이 든든한 마른 땅을 벗어나기 두려워하지만 물이라는 새로운 공간, 지금까지의 틀을 깬 새로운 커뮤니케이션 방식을 시도하고 적용하는 과정은 낯설고 불안한 동시에 흥미롭다.

물론 변화의 과정은 쉽지 않겠지만, 올바른 멘토와 지침만 있다면 우리의 커뮤니케이션은 한층 더 효과적이고 즐겁게 될 것이다. 이 책이 독자 여러분의 커뮤니케이션 방식에 긍정적인 변화를 일으키는 작은 발판이 되었으면 한다.

2006년 2월 김재연

지은이 | 데이비드 코트렐*David Cottrell*

코너스톤 리더십 연구소*CornerStone Leadership Institute*의 소장 겸 CEO인 저자는 세계적으로 잘 알려진 리더십 컨설턴트이며 교육자이자 강사다. 그는 제록스*Xerox* 사와 페덱스*FedEx* 사에서 고위 관리자로 근무한 경력이 있으며 전문 경영인으로서 보낸 25년간의 경험을 살려 10권 이상의 저서를 출간하였고 미국 전역을 누비는 대중 강연가로서 명성을 얻고 있다. 그의 리더십에 관한 메시지는 전 세계 25,000여 경영자들에게 전달되고 있다.

저서로는 《먼데이 모닝 리더십, 8일간의 기적》,《당신만의 성공 기준 12 선택》 등이 있다.

www.cornerstoneleadership.com

지은이 | 토니 제어리*Tony Jeary*

강연자이자 전략 및 코칭 컨설턴트로 활동하면서 대중들의 잠재력을 최대한 발현하도록 돕고 있다. 그가 대표로 있는 토니 제어리 하이 퍼포먼스 리소스*Tony Jeary High Performance Resources* 사는 프레젠테이션 마스터리*Presentation Mastery*™ 기법

을 바탕으로 한 교육 프로그램뿐 아니라 코칭, 연설 및 전략계
획과 관련된 교육 프로그램을 제공하고 있다. 저서로는《인생
은 프레젠테이션의 연속이다 *Life is a Series of Presentations*》등
이 있다.
www.tonyjeary.com

지은이 | 조지 로우 *George Lowe*

로우 앤 어소시에이츠 *Lowe & Associates* 사의 대표이며, 커뮤니
케이션 전략, 프레젠테이션 개발과 회의설계 등 다양한 컨설팅
및 커뮤니케이션 서비스를 제공하고 있다.
저서로는 토니 제어리와 공동 저술한《프레젠테이션 마스터하
기 *Presentation Mastery*》등이 있다.
georgelowe@ameritech.net

옮긴이 | 송경근

한국 기업에 맞는 경영전략(비전, 핵심역량) 수립과 경영혁신, 지식경영, 통합경영성과지표, 고객관계관리(CRM), 정보시스템(ERP) 구축 등 기업 컨설팅 프로젝트를 전문적으로 수행하는 하나컨설팅그룹의 대표다. 한국능률협회, (주)제일기획 경영자문위원, (주)금강기획 경영혁신 자문위원을 역임했으며, 현재 서울중앙병원(미션, 비전, BSC), (주)화천기계의 고문으로 활동하고 있다.
역서로는《주식회사 예수》,《억만 금의 재산보다 한 줄의 예언을 물려줘라》,《기적의 사명선언문》,《새로운 전략가들》,《팀경영 곡예술》,《로열티 레슨, 홀리고 사로잡고 열광한다》등 다수가 있다.

옮긴이 | 김재연

1974년 서울 출생.
서울 연세대학교 영어영문학과를 졸업하고, 미국 워싱턴 주립대학 수료 후 전문번역가로 활동하고 있다. 현재 경제 및 금융 분야의 번역에 중점을 두고 있다.

한언의 사명선언문

Our Mission　―・우리는 새로운 지식을 창출, 전파하여 전 인류가 이를 공유케 함으로써 인류문화의 발전과 행복에 이바지한다.

　　　　　　　―・우리는 끊임없이 학습하는 조직으로서 자신과 조직의 발전을 위해 쉼없이 노력하며, 궁극적으로는 세계적 컨텐츠 그룹을 지향한다.

　　　　　　　―・우리는 정신적, 물질적으로 최고 수준의 복지를 실현하기 위해 노력하며, 명실공히 초일류 사원들의 집합체로서 부끄럼없이 행동한다.

Our Vision　　　한언은 컨텐츠 기업의 선도적 성공모델이 된다.

저희 한언인들은 위와 같은 사명을 항상 가슴 속에 간직하고
좋은 책을 만들기 위해 최선을 다하고 있습니다.
독자 여러분의 아낌없는 충고와 격려를 부탁드립니다.
・한언 가족・

HanEon′s Mission statement

Our Mission　―・We create and broadcast new knowledge for the advancement and happiness of the whole human race.

　　　　　　　　―・We do our best to improve ourselves and the organization, with the ultimate goal of striving to be the best content group in the world.

　　　　　　　　―・We try to realize the highest quality of welfare system in both mental and physical ways and we behave in a manner that reflects our mission as proud members of HanEon Community.

Our Vision　　　HanEon will be the leading Success Model of the content group.